神々

神崎宣武

角川選書
644

旅する神々

目次

第三章　吉備津彦の旅

第四章　倭姫命の旅

第五章　倭建命の旅

序　章――呼べば応える日本の神々

もう半世紀も前のことになるが、こんなことがあった。

國學院大學（東京都渋谷区）での神道研修部（夏期講習会）で、祝詞《のりと》作文の授業を受けた。受講生が提出した祝詞文の何点かを教官が読みあげて講評を加える。

「――ねえ、聞いてちょうだい神様よ。寄り道をせずにここに来て、私たちの願いを聞いてちょうだいよ――

こんな悪ふざけは、困ったもんだ」

それを書いた某君に、その理由が求められた。某君は、何の弁明もせず、黙って頭を下げた。

教官は、それ以上とがめなかった。そして、こう言った。

「しかし、祝詞の主旨は、それで間違いはない。それを古語で、漢文で書くとどうなるか、だ」

某君が、さらに深く頭を下げた。

一呼吸おいて、誰かが拍手をした。私たちも、それに追従した。

半世紀も過ぎた現在《いま》でも、そのときのようすがほとんど正確によみがえってくる。

そうなのである。祝詞でいわんとするのは、そういうことなのである。

それを、祝詞文にすると、たとえばこうなる（漢文を読下し文に直した）。

此《こ》の斎庭《ゆにわ》を厳《いつ》に祓《はら》い清《きよ》めて　神籬《ひもろぎ》刺《さ》し立《た》て招《お》ぎ奉《まつ》り坐《ま》せ奉《まつ》る
掛《か》け巻《まく》も畏《かしこ》き産土《うぶすなの》　大神《おおかみ》　大地主大神等《おおとこぬしのおおかみたち》の大前《おおまえ》に恐《かしこ》み恐《かしこ》みも白《まお》さく

つまり、そこを清めて神籬（一般的には、サカキの枝木）を立てたところに、産土大神や大地主大神らを招くのである。この祝詞文は、地鎮祭《じちんさい》での例文であるが、要は、その祭事に神徳が合う神々に降臨を願うのである。

そして、願いごとを叶《かな》えてもらうべく祈禱《きとう》の文言を連ねるのである。

現在、一般に目にする祭典は、神社でのそれが多い。そこでの祝詞は、「掛巻くも畏き、某神社の大前に……」と始まる。そこには、神々が常在であるので、「招き奉る」必要がないのだ。

しかし、歴史をさかのぼってみると、神社という建築様式が生まれたのは古いことではない。伝来の仏教における寺院の影響を受けてのことである。奈良時代以降のこと、とみなくてはならない。それまでは、社をもたない神々を崇《あが》めての祭事が行なわれていた。山のカミ、樹のカミ、水のカミ、田のカミ、そして歳《とし》のカミなどを対象にしてである。

それらは、神社を中核とした神道（明治以降は、神社神道という）が広まったのちも、神社に吸収されることなく連綿と伝えられてきた。アニミズム（自然信仰）であり、古神道である。あるいは、神社神道に対して民間神道である。

そこでの神々は、自然界に棲《す》んでおり、時々の人びとからの要請によって里に降りたもう、とした。つまり、神々は、祭事のたびに「招き奉られる」のである。

いいかえれば、神々は、人びとの延長上にあるのだ。そして、さらに大胆にいいかえれば、神々は、絶対的な存在ではなく、むしろ人びとに都合よく崇められる超人的な存在なのである。「困ったときの神だのみ」とは、そうした神々と人びとの関係性のなかで生まれた言葉、ということができよう。

それは、世界の原初的なアニミズム社会のなかでは、しばしば共通して認められる現象でもある。しかし、時代を経て外部社会との接触が生じるにしたがって、それは変化したり後退したりする傾向にある。キリスト教に象徴される一神教によって、その痕跡がほとんど絶えたヨーロッパの諸国・諸民族のごとくにである。

したがって、現代のヨーロッパからみると、日本は異常なまでのアニミズム文化の国、ということになる。たとえば、ルース・ベネディクトは、その名著『菊と刀』のなかで、西欧人の基準からは全く矛盾すると思われる諸要素が矛盾とされずに併存されている日本人の行動様式を指摘している。とくに、その信仰の様式は、「仏教や儒教の影響もほとんどみられない〝日本的原理〟ともいうべきものだ」、と述べているのだ。

その日本的原理とは、神仏習合、あるいは神仏混淆《こんこう》に通じる。しかし、それは複合ではない。ベネディクトがいうごとく、八百万《やおよろず》の神々の「併存」というのがふさわしかろう。

また、日本的原理とは、「神さま仏さま、ご先祖さま」にも通じる。それに、先述のアニミズム。私は、これを「ニッポン教」といってきた。もちろん、それは、空《くう》の観念、というものである。古く、人びとがそうした観念をつくって共有した。そして、代々の人びとともそれを伝えることを共有した。それが、無形の民俗文化というものである。

移り来たる神々の依代

そのニッポン教では、そこに常在しない神々を招き奉るための依代《よりしろ》という装置系をさまざま発達させている。

御柱《おんばしら》（みはしら、とも）・神籬《ひもろぎ》・幣《ぬさ》・蓋《かい》・オハケ（幣をとりつけた竹竿、あるいは柱）、それに幟《のぼり》や山鉾《やまぼこ》など。その種類があまりにも多い。

その代表的なものが、先に示した神籬である。サカキの枝木が多く用いられるが、その入手がむつかしいところでは、ヒサカキ、クス、ヒバなどが用いられる。おしなべて常緑樹の枝木ということになるが、これは、生命の象徴とみるのが妥当である。枯木・枯枝は、カミが宿るのにふさわしくない、とは誰もが認めるところであろう。

白紙を切り下げたり、模様を刻んだりして軸に取りつけた大小の幣も顕著な依代である。御幣《ごへい》、にほかならない。しかし、それは、白紙が自由に使えるようになってからのこと。古くは、『古事記』にもみられるように、白和幣《しらにぎて》（木綿の糸か布）や青和幣《あおにぎて》（麻の糸か布）が用いられていた。

とくに、西日本各地では神楽場での蓋がある。白蓋《びゃっかい》とか雲とか呼ぶ、紙を切り刻んで枠に貼りつけたもので、仏教の天蓋《てんがい》に相当する。これも降神の具象的な依代である。

たとえば、吉備高原（岡山県西部）の農山村部の祭事では、神楽《かぐら》が盛んである。俗に備中神楽というが、神事色の濃い中世的な神楽と演劇色の強い近世的な神楽が併存する。毎年の氏神《うじがみ》の例大祭（大祭）では、演劇色の強い神楽が中心に演じられる。スサノヲの命《みこと》（須佐之男命、素戔嗚男命とも）が主役の「大蛇退治《おろちたいじ》」とオオクニヌシの神（大国主神）が主役の「国譲り」が代表的で、これらを神代《じんだい》神楽という。神話を題材にした神楽、という意味にほかならない。

神事色の濃い神楽は、産土神《うぶすながみ》である荒神《こうじん》での式年祭（一般的には七年に一度）に表出する。俗に、式年神楽とか荒神神楽というが、白蓋神事や五行問答や託宣《たくせん》神事などが重要となるのだ（それに併せて神代神楽も演じられる）。夜っぴいて演じられる大神楽である。

そこでの白蓋神事に注目したい。

仮設の神殿《こうどの》（神床と神楽舞台の併設）の上に白蓋が吊り下げられている。その下が太鼓座。太夫《たゆう》が、太鼓を叩きながら神楽歌を唱える。

　御幣立つここが高天《たかま》が原《はら》なれば　集まり給えや四方《よも》の神々
　綾笠《あやがさ》を手に取りもちて拝すれば　いずれも神の寄りてまします

これは、最初に唱える四首の中の二首であるが、神々が依りつくのが御幣と綾笠であることを示している。綾笠は、円い枠に取りつけた垂手《しで》の意。ただ、この備中神楽では、そうした笠型の幣ではなく、刻み模様の入った御幣をそういう。

東・南・西・北・中央を清め、それぞれを守護する五大龍王をたたえる申し上げ（口祝詞、祭文といってもよい）が、これも太鼓にあわせて唱えられる。

そのとき、白蓋が揺れる。もうひとりの太夫が、曳《ひ》き綱を巧みに引くのである。白蓋が大きく揺れるたびにパラパラと天《あめ》（神楽では、そう呼ぶ）が降る。白紙を細かく刻んで白蓋に取りつけた袋が解《ほど》けて散るのだが、いかにも神霊が降りてくるようすにみえる。巧みな演出である。

観ている人が息をのむ。拍手もわく。

そこで降臨するのが、まずは産土荒神《うぶすなこうじん》。そして、天つ神、国つ神、さらに八百万の神々。産土荒神は、奉幣《ほうへい》行事（御幣に依りついて神前に移動）で神座に。その他の神々は、千道《ちみち》（紙を刻んで延した八本の長い垂手《しで》）を伝わって四方の鴨居縁《かもいぶち》の御幣（六十余州にちなんで六四本か六八本）に依りつく。そうすることで、はじめて次の神事やそれに続く神楽がはじまるのである。

この白蓋神事は、めったなところでは行なわれない。装置が大がかりになるだけではなく、それだけ神聖な行事なのである。

ただ、平成一六（二〇〇四）年六月の国立劇場（東京）での公演と平成一八年のフランス国立シテドラ劇場（パリ）の公演では、特設舞台を設けて照明を薄暗く落として行なった。結果は、静まりかえった会場から、一呼吸おいて大きな拍手がわいた。とくに、パリの公演では、予期せぬ反響があった。そのあと神代神楽を行なったのであるが、それが終わったあとも、人が退かないのである。監修役の私に質問が続いた。一〇〇人以上が列をなしての熱心さには、いささか驚いた。通訳の女性も驚いていた。

そのなかの数人が、なお退く気配がない。白蓋や千道の切れはしが欲しい、というのである。白蓋行事によって（それが揺れ動いたので）、一部が切れたり破れたりしている。それでも欲しい、というのである。それまでに例のないことだが、等分に分配することにした。

「神さまが天から下る、というのはわかる。その神々が無数にパラパラ、ヒラヒラと。すばらしい演出だが、まさに神宿るしるしとして手にとってみたかった」

その女性は、両手で紙片をすくうように持ち上げて崇めたあと、胸に抱きしめたものだった。

白蓋における四面の複雑な刻み模様を手にとって確かめ、誉める人もいた。しかし、神々が降り下る、そのことに感動した、という人が多かった。その素直な感受性にも、いささか驚いた。

別の女性が言った。

「日本の神さまたちが、パリまで旅をして来てくれたのよ」

まわりの何人もが、ほほえみながらうなずいた。私も、思わずうなずいたものだった。そうなのだ。日本の神々は、自在に旅をなさるのだ。そのときも、私たちが御神体を奉《ほう》戴《たい》して渡航したのではない。同行を依頼したわけでもない。その会場で、紙を刻んで依代をつくったのである。そして、神々を招き寄せたのである。

人びとが、民族が信仰を寄せている神を奉戴して移動し、その移動した先でまた祀《まつ》るのは、いちいち例をあげるまでもなく古今東西に広く共通してある。そこでは、偶像崇拝を発達させ、その偶像以外への信仰を閉じる傾向がみられる。およそ、世界での宗教とはそうしたものである、としてよかろう。

私は、それがあって以来、あらためて日本における「旅する神々」を意識するようになったのである。

神話における文化性

まずは、最古の典籍『古事記』（成立は、和銅三＝七一二年）を読みかえしてみよう。

『古事記』については、しばしば、その信憑《しんぴょう》性が問われる。むろん、ほとんど実証できない古ごと（古詞）である。前後の脈略がつきにくいところが多い。ということは、『古事記』の編纂《へんさん》そのものが矛盾の多い試みだった、ということになろうか。

『古事記』は、天武天皇の命により、稗田阿《ひえだのあ》礼《れ》が誦《よ》む（誦習《しょうしゅう》）ところの帝紀（天皇の系譜や事跡）と本辞（旧辞とも＝さらに古い時代の出来事）を太安万侶《おおのやすまろ》が編纂（筆耕と編集）したものである。そのことは、よく知られた事実であろう。それは、太安万侶が記すところの「序文」のみに明らかなところで、それに反するすべはない。

「諸々家《もろもろのいへ》の賷《も》てる帝紀《すめらみことのふみ》と本辞《もとのことば》と、既《すで》に正実《まこと》に違《たが》ひ、多《さは》に虚偽《いつはり》を加ふ」（中村啓信訳注『古事記』より）。そうであるから、旧い言葉をたどり、間違いを正してのちの世に伝える記録をつくれ、と天皇が命じた。とある。しかし。帝紀、本辞なるものは、記録としてはどこにも存在しない。たどって確かめることはできない。ゆえに、それに基づいて編じられるとされる『古事記』が最古の書物とされるのだ。

『古事記』については、偽書という説もあった。歴代中国の王朝にならっての編纂ではなかったか、という説もある。また、太安万侶の存在を疑問とする説もある。が、ここでは、それにはふれない。

むしろ、稗田阿礼ひとりの誦習だったのだろうか。とくに本辞については、他の「語り部」たちの協力があったのではないか、という疑問に注目したい。たとえば、三浦佑之訳・注釈『口語訳古事記（神代篇）』の解説では、大嘗祭《だいじょうさい》における平安時代中期の事例をあげている。天皇の即位儀礼に諸国からの語り部が召し出されて「古詞《ふるごと》を奏」していた、という。したがって、その前代から朝廷と地方の語り部たちとのつながりがあっただろう、と暗に説いてもいるのだ。

そうであれば、稗田阿礼は、各地の神話に相当する古ごと（古詞）を聞いたうえで太安万侶に誦み語ったのではなかろうか。そうした想像が許されるのであれば、ここに国づくりが進んでいた出雲系の神話が多いのもうなずける。天皇の側近での舎人《とねり》（近習《きんじゆ》）であった阿礼がさほどに出雲の古ごとに通じていたとも思えないのである。

『古事記』は、「上つ巻」「中つ巻」「下つ巻」に分かれている。「上つ巻」は、神話である。「中つ巻」と「下つ巻」は、神武天皇（初代）から推古天皇（三三代）までの天皇記である。「中つ巻」が神から人へ、「下つ巻」が人の代、とみることができる。

「上つ巻」での神話の前半部は、高天原《たかまがはら》における天つ神々のものがたり。後半部は、大八島《おおやしま》（伊邪那岐《いざなぎ》・伊邪那美《いざなみ》の二柱がはじめに生成した八島）における国つ神々のものがたりである。高天原の天つ神々の神話とは違い、国つ神々のものがたりでは、いうなれば人間に近い下世話ばなしが入ってくる。たとえば、親神の情愛、兄弟神の反目、女神への恋慕などである。そして、多重婚や近親婚などである。そこで、多くの子神が生まれることになる。そこに、さほどの規律がみられない。奔放、ともいえるのだ。

それは、『古事記』、「上つ巻」でのこと。「中つ巻」「下つ巻」では、それが薄らいでもいく。なるほど、神話と評伝とは、その違いがあるのか。なるほど、道徳や戒律は、人の世でつくられていくのか。そう読みとることができようか。

もちろん、現実的ではない。しかし、かといって、虚偽的と決めつけるわけにもいくまい。神話は、というか「ものがたり」は、しかるべき意図があってつくられるのである。伝説や昔話とも共通するが、神話の場合は、原古・始原にまでたどることに意味がある。そのたどった先に神々がある、とする。そこでは、しばしば神々は、人間社会になぞらえて体系化されるのである（『文化人類学事典』での「神」と「神話」の抄訳）。

ギリシャ神話もそうである。『古事記』の神話もそうである。が、そこに投影されている価値観や対人観に違いがある。神話における「世界観」、あるいは「文化性」、ということになろうか。『古事記』の神話は、天皇家の系譜を明らかにして権威づけるだけではない。各地の国々の成りたちや国つ神々の出自をも明らかにして大同の結束をはかる。とくに、国つ神々の出自を説くということは、そこに住む人びとの祖を讃《たた》える、ということでの意味があっただろう。それが、初《はじめ》の原典であるとする本辞に基づいた、ということになるのではあるまいか。

天つ神と国つ神、そして人間集団、という関係性を固める。そのところにおいては、高天原から天降った天つ神やその系列神が国つ神の姫たちに婚《よば》っていく。そして、子神を多く生んでいく。その子神が土地の氏族の祖となる。そうした筋書がありうる、としなくてはなるまい。

不条理なところがままあるとしても、それが「古事記ワールド」なのである。

しかし、倭《やまと》(大和)に集権をはかる史書としては、『古事記』では不十分であった。そこで、『日本書紀』が編纂(養老四=七二〇年)される。そこでは、地方の伝承は、とくに出雲系の神話は、ほとんどが切り捨てられているのだ。右の流れからすると、当然のことといわなくてはならない。そして、天皇制による中央集権をより明確に意図して、『古事記』での偏向を修正もしているのである。以来、『日本書紀』が正史とみられるようになった。

なお、ここでは、おもに『古事記』(上つ巻)の神話をたどることにする。

とくに、国が固まる以前の神々は、苦難もあわせて奔放に旅をしているのである。

その代表的な神が、オオクニヌシの神（大国主神、以下オオクニヌシ）である。稲羽《いなば》の素兎《しろうさぎ》（『古事記』での表現、以下同じ）は、よく知られるところである。また、大《だい》黒《こく》さまと呼ばれ、福の神とされることも、よく知られるところである。

しかし、稲羽の素兎の話は、神話のほんの一部にすぎない。そして、オオクニヌシの性格の一部を表わしているにすぎないのだ。

オオクニヌシは、他にもオオナムジの神（大穴牟遅神）・アシハラシコオの神（葦原色許男神）・ヤチホコの神（八千矛神）・ウツシクニタマの神（宇都志国玉神）という名前をもつ。合わせて五つの名があるのだ。そして、その名前をつかい分けて、あちこちに旅するのである。

まさに、神は人の延長上にある。と、すれば、複数の名前をつかい分ける人物とは、いかなる渡世人だろうか。それと同様に、五つの名前をもつ神とは、いかなる「渡世神」だろうか。

まずは、オオクニヌシの旅を追跡するところからはじめよう。

第一章　大国主神の旅

大きなふくろを　かたにかけ
大黒さまが　来かかると
ここにいなばの　白うさぎ
皮をむかれて　あかはだか

と、童謡「大こくさま」（石原和三郎詩、原作は総平仮名）で歌う。

ここでの大こく（黒）さまとは、オオクニヌシの神（大国主神、以下オオクニヌシ）である。一般には、福の神として同一視されているが、大黒とオオクニヌシの出自はまったく違っている。中世後期における庶民信仰の広まりのなかでの習合であろうが、それについては後述することにしよう。

右の童謡は、『古事記』に書かれたオオクニヌシの功徳を元に作詞されている。童話でも「稲羽の白うさぎ」が編じられているし、小学校の教科書にも登場しているが、その出典も同様である。

童謡とか童話は、何を出典としようが、下世話な話題ははずすのが道理というものである。近親のまがまがしいまでの抗争、男女のおどろおどろしいまでの愛憎などそのまま載せることはできない。そのところで、フィクションとはいわないが、原典の本意を伝えていない傾向もあるのだ。ここでは、いまいちど『古事記』にしたがって、オオクニヌシの「国づくり」の手腕をたどってみよう（以下、倉野憲司校注『古事記』と中村啓信訳注『古事記』などを参考にはしたが、ここにとりあげる会話体の現代語訳については、筆者の判読による）。

五つの名前をもつ神

オオクニヌシの国づくりは、「旅」をくりかえしてのことであった。稲羽《いなば》（因幡）へ、紀《き》の国（紀伊国）から根《ね》の国へ、高志《こし》の国（越の国）へと旅をしたのち、出雲に帰って国づくりを成すのである。その間、合わせて五つの名前を使い分けているのである。

大国主神《おおくにぬしのかみ》・大穴牟遅神《おおなむぢのかみ》・葦原色許男神《あしはらしこおのかみ》・八千矛神《やちほこのかみ》・宇都志国玉神《うつしくにたまのかみ》

これは、『古事記』のなかでも尋常ならざることである。たとえば、次章で登場予定のカムヤマトイハレビコの命《みこと》（神倭伊波礼毘古命＝のちの神武天皇）は、ワカミケヌの命《みこと》（若御毛沼命）、トヨミケヌの命《みこと》（豊御毛沼命）と合わせて三つの名前をもっている。これも、次章で登場予定のホオリの命《みこと》（火遠理命）は、またの名をアマツヒコヒコホホデミの命《みこと》（天津日高日子穂穂手見命）とする。山幸彦《やまさちひこ》でもあるが、これは正式の名前ではなく、人間社会において猟師・杣人《そまびと》などに相当する俗称である。神としての名前は、右のごとく二つ。もっとも、天つ神の直系が天降ったときに、他の名前をもつ例は少なくない。が、それも、『古事記』全体でみると例外的なことである。多くの神が、名前は一つなのである。

私たちの現代社会でも、名前が五つもある人はいまい。芸名やペンネーム、せいぜい二つであろう。もし、五つもあるとすれば、うろんの輩《やから》と相なるだろう。ということでは、オオクニヌシは、うろんの神ということになろうか。

オオクニヌシは、その名前を使い分けて稲羽から根の国や高志へと旅を巡るのである。稲羽に行ったときの名は、オオナムジの神（大穴牟遅神、以下オオナムジ）。八十神《やそがみ》と総称されるほどに大勢の兄弟神に従って出かけた。

八十神には、稲羽のヤガミヒメ（八上比売）を婚《よば》わんとする目的があった。この場合の「婚う」は、のちの「夜這《よば》う」にも通じる。

夜這いは、民俗学の分野では、ムラ社会やシマ社会での青年たちの肝試し的な通過儀礼の意味合いが濃い。あるいは、若者組（若衆組）が認めるところで互いに想いあった男女にかぎって既成事実をつくらせる婚約儀礼の意味合いが濃い。むろん、一部には遊戯的におもしろおかしく語り伝えられる事例もある。どちらかというと、西日本の沿岸部や島嶼《とうしょ》部にその習俗の残存例があった。多くは、戦前（第二次世界大戦前）までのことであった。

さて、『古事記』での婚《よばい》である。「婚」と表記することに注目しなくてはならないだろう。結婚を前提にしている、とすれば、求婚の行動とみることができようか。しかし、兄弟がそろってひとりの比売《ひめ》に求婚とは、尋常なことではない。まま、そのことは問わないでおこう。

八十神の婚の旅に同行したオオナムジは、大きな袋を背負っている。童謡や童話では、福の種《たね》（授与品）を持って、とされてもいるが、ここでは八十神の旅行用品のいろいろ、とみるのがよい。古く、そうした荷かつぎは、賤業であった。オオナムジは、八十神からはそのように虐げられていたのである。

そこで、裸の兎《うさぎ》に出会う。八十神は、海水を浴びて風の強い山の尾根に臥《ふ》せておくのがよい、といった。遅れてきたオオナムジは、その痛みに苦しんでいる兎を見て、丸裸になった理由《わけ》をたずねた。そのあたりのいきさつは、童話や漫画にも描かれているので周知のことであろう。が、念のために『古事記』の一文を引いておく。

「私は、淤岐《おき》（隠岐）の島に住んでいて、ここに渡りたいと思っていましたが、渡るすべがありませんでした。そこで、海の鮫（サメ）を欺いて、私たちの一族とあなたたちの一族の数がどちらが多いか少ないかを数えてみようではないか、と計《はか》ったのです。それで、あなたたち一族全員を集めてこの島から気多《けた》の前《さき》まで皆並び伏せてくれ、そうしたら、私がその上を跳んで数えてみよう、と言いました。

だまされたとも知らず鮫たちが並び伏せたところを跳んで、まさに数え渡って地面に下《お》りようとした時に、おまえたちは私にだまされたのだ、と言ってしまったのです。言い終わるやいなや、最後に伏せていた鮫が私に噛《か》みついて、私の着物（毛）を剝《は》ぎとったのです」

オオナムジは、八十神たちの教えた処方を覆して教えた。

「今すぐに水門《みなと》（河口）に行き、真水《まみず》で体を洗い、蒲《がま》の花を摘んで撒き敷き、その上にころんでいれば、必ずもとの膚《はだ》のごとく癒《い》えるだろう」

ここでは、蒲の花に注目しなくてはならない。蒲は、多年草で、高さは約二メートル。葉は厚く、長さは一メートル以上。夏に、ろうそく形の穂をつける（『広辞苑』第六版）。その穂を花序ともいうので、ここでの「花」は穂のことであろう。その穂を布団の芯《しん》に入

白兎海岸——兎の住んでいた島は、向いの淤岐ノ島とされる

れた民俗事例もあるので、古くから敷物としての利用があったに相違あるまい。また、その花粉が止血薬として用いられた、と説くむきもある。しかし、以後の和漢方の治療法にはその事例が乏しいので、ここではそれに固執しないでおく。

兎は、元の体に回復した。「これ稲羽《いなば》の素兎《しろうさぎ》なり」、と『古事記』にいう。また、「今に兎神という」、とも追記する。なお、この由来を伝えるのが、創建年代が不明ながら現存の白兎《はくと》神社（鳥取市）である。

オオナムジに助けられた兎が申したことである。

「八十神は、八上比売《やがみひめ》を得ることはできません。いかに賤しき袋かつぎをなさっているといえども、あなた様こそ比売にふさわ

白兎神社——大国主神と八上比売の縁をとりもったということから、
白兎神は縁結びの神として親しまれる

しく、比売を得ることでしょう」

その予言どおりになった。

ヤガミヒメは、八十神に答えたのである。

「私は、あなた方の求婚の言葉は聞かなかったことにします。大穴《おおな》牟《む》遅《じ》の神さまに嫁《あ》うことにします」

二度も死んだ大国主神

このヤガミヒメの一言は、八《や》十《そ》神《がみ》（多数の兄弟神）の怒りをかった。ヤガミヒメに向けてではない。オオナムジに向けての怒りである。

共謀して、オオナムジを殺そうとしたのだ。

帰路、伯岐《ははき》の国（伯耆《ほうき》の国＝現在の鳥取県西部）の山間に至ったとき、八十神の誰かがいった。「この山に赤い猪《いのしし》がいる。それを我らが追い落とすから、おまえは下で生け捕れ。もし生け捕らなかったら、おまえを殺すぞ」と。赤い猪としたのは、焼いた石であった。これが落ちてきたのを受け止めたオオナムジは、焼け死んでしまった。

ここで、突然、御祖《みおや》が登場する。御祖とは、父母、あるいは先祖。ここでは、通例にしたがって母親神とする。

御祖は、嘆き憂いた。そして、「天《あめ》」に参上してカミムスヒの神（神産巣日之神、以下カミムスヒ）にお目通りを請う。このあたりが、摩訶《まか》不思議な構図である。

天とは、天上の世界。高天原《たかまがはら》、としてもよい。そこに集《すだ》く神々は天つ神である。それに対して、地上の国々があり、そこでの神々が国つ神である。両者の間には、かなりの隔りがある。「天地の差がある」というほどの格差がある。まして、この場合の相手はカミムスヒである。『古事記』の冒頭「天地《あめつち》初めて発《ひら》けし時」の神の一柱（他は、アメノミナカヌシの神＝天之御中主神とタカミムスヒの神＝高御産巣日神）。高天原でも別格神である。地上からみると、あまりにも位が高い。そう簡単に目通りは叶《かな》うまい、として当然なのだ。

しかし、『古事記』を読むと、意外にも天と地、両者の距離は近いのである。

たとえば、後述するところの「国譲り」では、かなり頻繁に天つ神と国つ神の往き来がみられる。今風にたとえれば、天つ神が降りるときは出張に相当する旅、国つ神が上ると

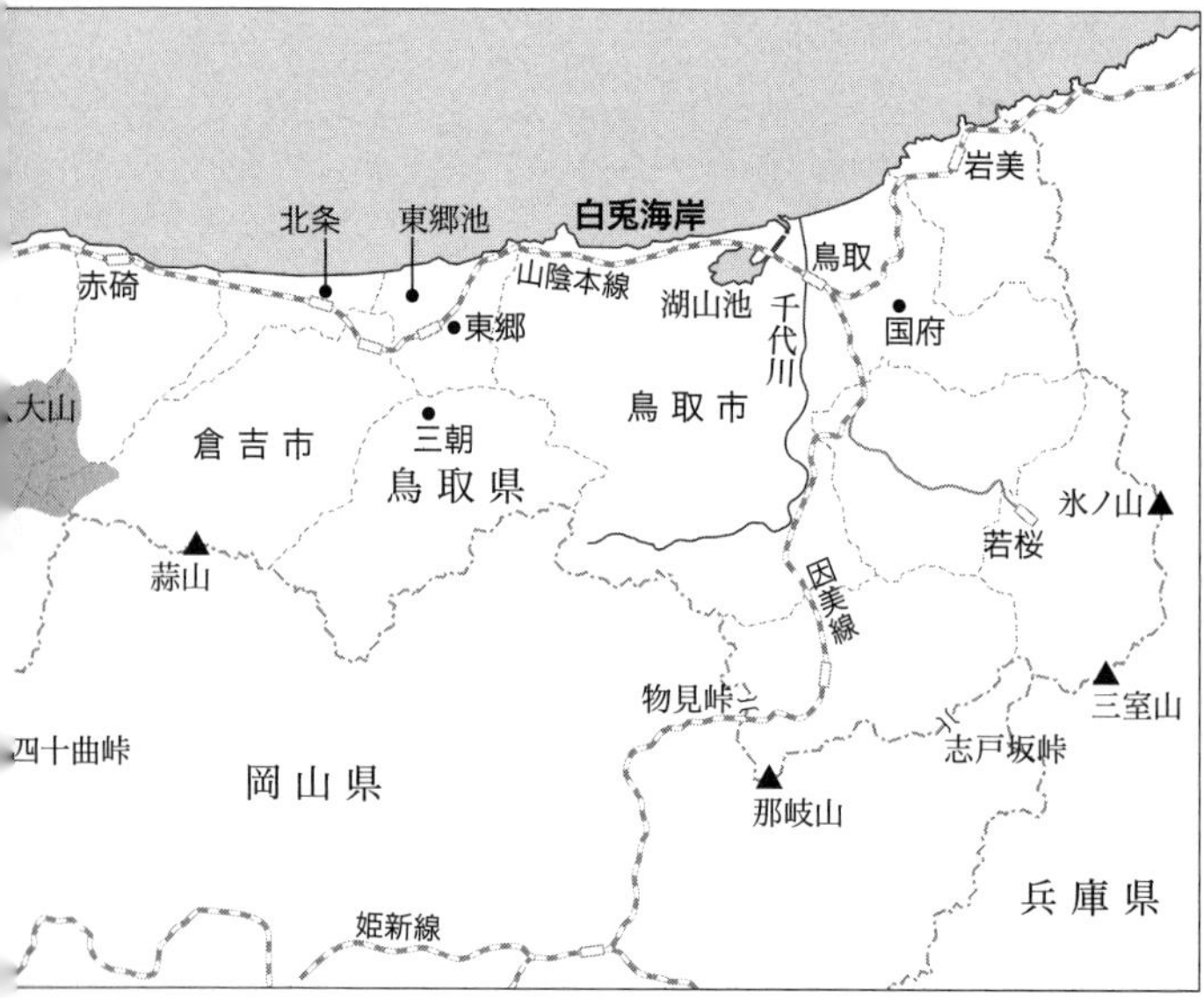

きは陳情に相当する旅。旅とはいえ、さほどに難儀をともなうもののようには見受けられないのである。

　これを、後世の人間社会におきかえてみることもできよう。

　たとえば、鎌倉時代（中後期）の後深草院二条『問わず語り』には、宮中でのできごとのさまざまと出家してからの熱田神宮、鎌倉、善光寺などへの旅が日記風に綴《つづ》られている。そこに、鎌倉で幕府要人に面会する場面がある。オオナムジの母神がカミムスヒにお目通りすることの風景に共通するところがあるのだ。また、中世の三大日記のひとつとされる『十六夜《いざよい》日

白兎海岸の周辺・出雲大社と美保関の周辺の地図

記』（藤原為家の側室、阿仏尼）における鎌倉幕府への訴訟行にも、相通じるところがある。

　二条にしても阿仏尼にしても、京都においてはしかるべき身分ではあったが、鎌倉幕府にとっては、招待した客人ではない。いわば、招かれざる客なのである。それが、難儀な旅をいとわず、直情的な行動をとっているのだ。男尊女卑の風潮は、近世の武家法度や身分制度から派生したもの。とすれば、中世のころまでの女性は、そのところで、難儀もいとわず奔放でもあったのだ。

　話が脇道にそれた。

　さて、オオナムジの母神の嘆き

を聞いたカミムスヒは、すぐさま、キサガイヒメ（蚶貝比売）とウムギヒメ（蛤貝比売）をオオナムジ復活のために遣わすことを決めた。

ここでは、古代における民間療法がでてくる。つまり、ここでの両比売《ひめ》は、赤貝（蚶貝）と蛤《はまぐり》を冠していることに注目しなくてはならない。ということは、貝の粉末やわたに薬効成分があるからだ。とくに、蛤は、その薬効が後世にも伝わる。たとえば、『本草綱目』（明朝時代の薬学書、日本にも大きな影響を及ぼした）では、「肺を潤し、胃を開き、腎を増し、酒を醒ます」とある。とくに、貝殻を焼いて粉末にしたものが薬効を高める、とある。

ここでは、ウムギヒメが「母《おも》の乳汁《ちしる》」をオオナムジに塗る。この場合の母の乳汁とは、蛤がその身から出す白汁であろう。いかにも母乳に似ているではないか。

その結果、オオナムジは蘇生《そせい》。「麗しき壮夫《おとこ》になりて、出て遊びき」、とある。

しかし、八十神は、なおもオオナムジを迫害する。殺害しようとする。楔《くさび》を打ちこんだ大樹の裂け目にオオナムジを押し込んでふたたび殺そうとした。いや、殺した。

御祖が嘆きつつ、また一命を助ける。そして、「比間《ここ》にあらば、八十神のために滅ぼされなん」といって、紀の国のオオヤビコの神（大屋毘古神、以下オオヤビコ）の許《もと》にオオナムジを逃がすのである。

八十神は、なおも追ってきた。紀の国で迎えてくれたオオヤビコは、さらにハヤスサノヲの命《みこと》（速須佐之男命、以下スサノヲ）が治める根《ね》の堅洲《かたす》国に逃げることをすすめた。

根の堅洲国とは、一般には地下世界とみる。『古事記』では、これより前に「黄泉《よみ》の国」がでてくる。これも、地下世界とされている。根の堅洲国と黄泉国を同一視するかどうかについては、議論の余地がある。根の堅洲国とは、スサノヲやオオクニヌシが活躍する出雲神話にかぎってでてくるのである。

イザナギの命《みこと》（伊邪那岐命、以下イザナギ）・イザナミの命（伊邪那美命、以下イザナミ）の大八島《おおやしま》誕生の神話では、黄泉の国となる。死して黄泉の国に逝った妻イザナミを追ってイザナギが往《ゆ》くも、蛆虫《うじむし》や雷《いかずち》がたかっている妻の体を見て驚いたイザナギは逃げ帰ろうとする。「吾《あ》に恥をかかせた」、と怒ったイザナミは、ヨモツシコメ（黄泉醜女）を追わせる。イザナギは、黄泉比良坂《よもつひらさか》を抜け、千引《ちびき》の石《いわ》（千人もかかって引くほどの大岩）で塞《ふさ》いで地上に逃げ帰ったのである。

それと同じようなものがたりが、ここでも展開する。

根の堅洲国からスセリビメ（須勢理毘売、スサノヲの娘）を伴ってオオナムジが地上に逃げ帰るときにも「黄泉比良坂」がでてくるのである。したがって、天上界、地上界、地下界があるとする垂直的な「世界観」を『古事記』の時代の人びとが共有していた、とみてよいだろう。その地上界と地下界の境をなすのが黄泉比良坂なのである。

さて、スサノヲは、もとより根の堅洲国に思いがあった。イザナギに、「海原を知らしめせ（統治せよ）」、と命じられたとき、不満に思い、「吾《あ》は、母の国根の堅州国に行かん」、と口走ってイザナギの怒りをかったことがあるのだ。ということは、黄泉の国と根の堅洲国は、同じということになる。

天つ神（この場合は、スサノヲ）が、高天原から大八島の水穂（瑞穂）の国（葦原《あしはら》の中津《なかつ》国《くに》）へ、さらに根の堅洲国へと変幻自在に旅をする。これも、「古事記ワールド」ならではのこととしよう。

根の堅洲国を訪問

オオナムジは、根《ね》の堅洲《かたす》国《くに》を訪ねた。

スサノヲの御所《みもと》に参向したところでスセリビメ（須勢理毘売）に会う。『古事記』に、「目合《まぐわい》して、相婚《まぐわ》ひたまひて」、とある。一目惚《ぼ》れして結婚した、と訳しておこう。性急すぎる、ともいうまい。恋多き神々のものがたりなのである。

スセリビメは、「いと麗しき神が来ています」、と父に告げた。

スサノヲは、オオナムジを見て、すぐさま言ったことである。

「こは、葦原色許男《あしはらしこお》というぞ」

ここに、もうひとつの名前が出てくる。直系の子孫には相違ないが、なぜスサノヲがその名を出したか。ちなみに、アシハラシコオという名が出てくるのは、『古事記』ではこの場面と天つ神カミムスヒの神（神産巣日神）がオオクニヌシに国づくりの助言をする場面の二ヵ所だけ。つまり、天つ神の呼びかけにかぎってのことなのだ。そして、そこには「神」がついていない。蔑んで呼んだのではあるまいが、葦原《あしはら》の中津国《なかつくに》の色男、というほどの軽称か。

そして、スサノヲは、オオナムジを呼び入れたものの、蛇がとぐろを巻いている室《むろ》で寝ろ、という。それを知った妻スセリビメ（すでに妻という字が冠してある）は、蛇除《よ》けの領《ひ》布《れ》を夫に授けて言った。

「蛇が寄ってきたら、この領布を三度振って打払いたまえ」

ここでの「領布」は、首にかける布。現代風にいえば、ショールということになろう。オオナムジは、妻の教えのとおりにして蛇を静め、安眠することができた。

次の日は、百足《むかで》（『古事記』では、呉公）と蜂がうごめく部屋に入れられた。そのときも、妻スセリビメが授けてくれた領布をもって事なきを得た。

スサノヲは、鏑矢《かぶらや》を野に射つ。そして、その鏑矢を採《と》ってくるようオオナムジに命じるのである。

オオナムジが野に入ったところで、火が放たれ、野が焼き払われることになる。オオナムジには、なすすべがない。そこへ、鼠《ねずみ》がやってきてささやいた。


「内はほらほら、外はすぶすぶ」


オオナムジは、足元を踏みしめた。すると、穴が開き、その中に落ちこんだ。火は、その上を燃え過ぎる。オオナムジは、一命をとりとめた。

余談になるが、ここでの「内はほらほら、外はすぶすぶ」は、後の世でも火災除けのまじないとしても伝えられることになった。

その鼠は、鏑矢をくわえて持ってきてくれた。

のちに、オオクニヌシ(ここでは、オオナムジ)は、密教系の大黒天《だいこく》と習合して福の神となる。大黒さまとして庶民社会で広く信仰を集めるのであるが、その図像をみると、福袋を肩に打出《うちで》の小槌《こづち》を手にして米俵に座している。江戸期に描かれた多くの図像が、その構図である。そして、座した大黒さまの足元に鼠が描かれている図も少なくないのである。

これを、どう読みとるか、だ。

ひとつには、民家では大黒さまを米蔵に祀《まつ》っている事例が多くみられるところから、米俵をかじって食い荒らす鼠を防じる神徳をたたえてのこと、とする。しかし、そこでの鼠たちは、凶暴な姿にはほど遠い。福々しい鼠たちなのだ。天敵にはほど遠いもの。右のような故事を重ねてみると、もうひとつの解釈が可能になるだろう。オオクニヌシの眷属《けんぞく》としての鼠。イナリの神（稲荷神）における狐、マリシテン（摩利支天）の神における猪と同様の先導役、護衛役である。

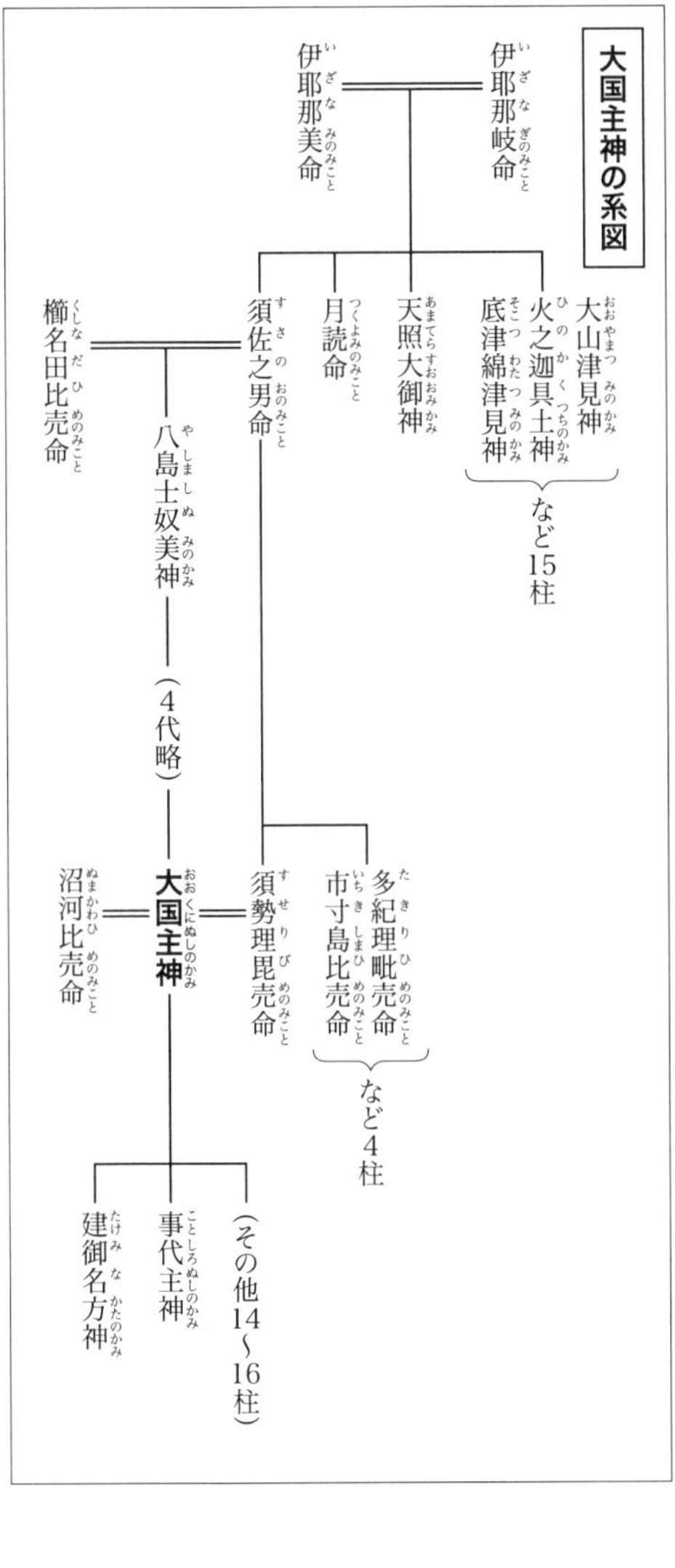

オオナムジを救った鼠があり、オオナムジの従者ともなりえただろう鼠がある。もちろん、ひとつに決めこむことはなく、両者の解釈があってよろしいのである。

さて、そのころオオナムジの妻スセリビメは、夫は死んだものと思い、葬送の用意をしながら嘆き悲しんでいた。その父スサノヲも、オオナムジの死を疑わず野に出た。

そのとき、オオナムジが鏑矢を手に帰ってきたのだ。

スサノヲは、驚きながらも広々とした自室に招き入れた。そして、今度は、頭の虱《しらみ》をとれ、と命じたものだ。

その頭には、虱ならぬ百足《むかで》がうじゃうじゃとたかっていた。妻スセリビメが機転をきかせて、椋《むく》の実と赤土を用意した。オオナムジは、椋の実を噛みつぶし、赤土を混ぜた唾を吐きだした。スサノヲは、百足を食いちぎったのか、と内心愛しくも思って、気もちよさそうに眠ったことであった。

ここから、オオナムジの逆襲がはじまる。

まず、スサノヲの頭髪をその室の椽《たりき》（たるき）に結びつけ、戸の前に五百引《いほびき》の石《いわ》（五〇〇人もかかって引くほどの大岩）を置いて塞いだ。そして、妻スセリビメを背負い、スサノヲが大事にしていた生太刀《いくたち》と生弓矢《いくゆみや》、天の詔琴《のりごと》を持って逃げ出した。

そのとき、詔琴が樹にふれて鳴った。スサノヲは、それを聞いて驚き、起きんとしたが髪の毛が結わったままで立てず、室を少々引き倒したにすぎなかった。

オオナムジは、逃げた。スサノヲは、黄泉比良坂《よもつひらさか》まで追ってきて、オオナムジに言ったことであった。

「汝《いまし》が持っている生太刀と生弓矢をもって、とりまとう兄弟を追い払うがよい。それでお主が大国主の神となり、また宇都志国玉《うつしくにたま》の神ともなり、我が娘スセリビメを嫡妻《むかひめ》として、宇迦《うが》の山麓に宮柱を太敷《ふとしき》立て、千木《ちぎ》を空高く立てて、その宮に住むがよい」

最後に「この奴《やつこ》」と呼びかけた。武家社会でいうと、「こやつ」。現代風にいうと、「こいつ」。年齢や立場の上下関係のなかで発せられるが、侮蔑した呼称ではない。誉めもしないが、苦笑まじりにその言動を認めた呼称である。一種の愛称といってもよかろう。何しろ、オオナムジは、スサノヲの直系の子孫なのだ。ここではじめて、大祖父（ここでは、六代前という意味で）と孫が相通じたのである。

ここに、オオナムジは、天つ神のスサノヲから国造りの神オオクニヌシとしての御墨付をもらったことになる。

八千矛神として婚う

スセリビメを妻として、出雲の宇迦《うが》の山麓に壮大な宮殿を建てて住み、国づくりをはじめたオオクニヌシ。スサノヲの指示にも従って八十神《やそがみ》（大勢の兄神たち）を追い払って、「始めて国を造りたまひき」。

さて、そこで事件がおきる。冒頭に出てきた稲羽《いなば》のヤガミヒメが再登場するのだ。「大《おお》穴牟遅《なむじ》の神《かみ》に嫁《あ》はん」と宣言したとおりに、出雲にやって来た。しかし、そこにいた正妻スセリビメに会って畏《かしこ》み、引き返したことであった。とはいえ、「その産める子をば、木の俣に刺《さ》し挟《はさ》みて」帰っていった、というからすさまじい。げに恐ろしきは何とやら、とみておくことにしようか。

ならば、そのまま国づくりを進めたらよかろうものの、オオクニヌシは、高志《こし》の国《くに》（越の国）に行《い》でますのである。

「沼河比売《ぬまかわひめ》を婚《よば》わんとして」、というから恐れいる。それも国づくりの一環、とはいうまい。オオクニヌシは、名をヤチホコの神（八千矛神）と変えて高志の国に赴いたのである。すぐに、ヌマカワヒメ（沼河比売）の家に到着する。途中の旅情は、『古事記』ではかけらほども描かれていない。

家の前で、歌い口説いた。

八千矛《やちほこ》の　神の命《みこと》は　大八島《おおやしま》の国で妻《つま》をめとりかねて
遠い遠い高志の国に　賢《さか》し女《め》がありと聞きおよび　旅立って　婚《よばい》におでましになった

ぞ
太刀《たち》の緒《お》も　まだ解かず　襲《おすい》（羽織のようなもの）も解かずに
嬢女《おとめ》が寝所の板戸を　何度もゆすぶって　我はここに立ていますぞ（後略）

しかし、「大八島の国で妻をめとりかねて」とは。まま、古今東西で邪《よこしま》な口説きの常套《じょうとう》句ともいえようが、それにしても、である。

やがて、夜も明けかかる。山では鵺《ぬえ》が、野では雉《きじ》が、家では鶏《にわとり》が鳴きだした。

ヌマカワヒメは、扉を開けず、内から歌を返した。

八千矛の　神の命《みこと》よ
ぬえ草の（なよなよした）　女《め》にしあれば
わが心　浦洲の鳥よ
今こそは　相手のいない鳥
後《のち》は　汝《あなた》の鳥になりましょうから
あの鳥たちの命《いのち》　殺したりしないで（後略）

しかし、ぬえ草のような、といいながら、自らも誘うのである。

青山に　日が隠れた後　ぬばたまの　夜にお出ましください（後略）

そこからが、驚くべき歌詞の展開となる。読む者としても、気恥ずかしいほどの展開となる。

白き腕　淡雪の　若やる胸を　そっと愛撫し　また抱擁する
あなたさまの手と私の手を絡み合わせ　いつまでも寝ておりましょうぞ（後略）

その夜は、そこまで。そして、「明日《くるひ》の夜、御合《みあい》したまひき」、とあるのだ。そのとおりに情景を連想するしかない。が、好事魔多し、である。

后の嫉妬と仲直り盃

出雲に残した后《きさき》スセリビメが、「甚《いた》く嫉妬したまひき」、と暗転する。夫たるオオクニヌシは、詫《わ》びる。しかし、后の怒りおさまらず、オオクニヌシは、出雲を出て倭《やまと》（大和）の国に出奔しようとする。なぜに倭か、この文脈からはわからない。また、高志《こし》（越）に婚うも倭に赴くも、オオクニヌシの処世の術としてはありえたのだ。

『古事記』編纂《へんさん》のうえでは、出雲の国づくりが先行するものの、あくまでも倭を国のまほろば（中心）とする意図がはたらいていたのであろうか。
オオクニヌシは、馬を仕立て、旅支度をして、馬の鐙《あぶみ》に足をかけながら歌った。

愛しい　妻よ（中略）
引け鳥のごとく　吾《あ》がここを出ていっても
泣きはしないと　汝《あなた》はいうとも
山麓の　すすき一本のように　首うなだれて汝が泣くだろうさまは
朝雨が　霧となってたつほどに　はかないことよ（後略）

それに対して、后スセリビメは、すぐさま歌を返した。

八千矛《やちほこ》の神の命《みこと》や　吾《あ》が大国主《おおくにぬし》
汝《な》こそは男に坐《いま》せば　巡りまわって　島の先々　磯の先々とどこででも　若草のような妻がもてるでしょう
わたしは女ですから　汝《あなた》をのぞいては男はなし　汝をのぞいては夫はなし

続いて、わたしの「若やる胸」を「白い腕」を「そだたき」（愛撫し）「たたきまながり」（抱擁し）「寝をし寝せ」（安眠させてください）、と乞うのである。このあたり、高志の国でのヌマカワヒメの愛情表現とほぼ同じものでもある。情熱的というか、いかにもエロティックな描写といえるのである。

最後に、「豊御酒《とよみき》　奉《たてまつ》らせ」、とうたう。

その豊御酒をもって「盞結《うきゆひ》」（宇伎由比）をするのだ。そして、両者とも「鎮まり坐《ま》す」のである。

「盞」は、盃《さかずき》。つまり、酒をもって二人の仲を直して固める、とするのだ。これは、まことに興味深い記述である。

のちの世に長く伝わる盃事《さかずきごと》の祖型がここにみられるのだ。親子盃・兄弟盃・それに女夫《みょうと》盃などの盃事。それをもって契約儀礼とする。契約書を伴わない契約儀礼。しかし、契約書以上に強い拘束力があった。「親の血をひく兄弟よりも　かたいちぎりの義兄弟」（演歌の『兄弟仁義』）、とうたったごとくにである。れっきとした日本文化、と再認識してよかろう。

もとより酒は、神聖な饌《け》である。最上の饌である。ゆえに、サケという。この場合のサは、接頭語で清らかなという意味がある。サニワ（斎庭）、サナエ（早苗）、サオトメ（早乙女）などにも通じる。

「宇伎由比」の図（吉田暢生画）

神が醸すもの、ともしてきた。「この御酒《みき》は　わが御酒ならず　大和《やまと》なす　大物主《おおものぬし》の醸《かみ》し神酒《みき》　幾久〳〵」（大神《おおみわ》神社の掌酒、活日《いくひ》）とうたったように、酒造りそのものが神がとりもつものであった。

一方で、「御神酒《おみき》あがらぬ神はなし」という。「何がなくとも、サケがサキサキ」（サキは、サケの女房言葉でもある）ともいう。だが、日本の神が特別に酒好きというのではない。

酒は、もともと処女の唾液をもって醸した（口嚙み酒）という伝説があるように、神まつりに合わせて自ら醸造したものであった。したがって、それを最初に神に供えるのは当然というもの。そのあと、神々に相伴して人びとが飲むべきものであったのだ。

明治二九（一八九六）年に酒税法が制定されてからは、酒造りには「酒類製造免許」が必要となった。だが、いまでも、特別醸造免許によって神酒を自ら醸造して神事をとりおこなっている神社が、全国で四三社ある（平成一八年現在）のだ。

現在も、神まつりに酒は欠かせない。まつりのひとつの意義は、神人共食にある。すなわち、神人が相嘗《あいな》めることにあり、その代表的な礼席が直会《なおらい》の儀。つまり、「礼講」となるのである。

直会は、「ナオリアイの約」（『広辞苑』第六版）である。それまで潔斎《けっさい》して神事にたずさわっていた、その斎《いみ》を直す。つまり、潔斎を解除する意味がある。が、楽座になっての酒宴ではない。つまり、無礼講ではなく礼講。ここまでは、あくまでも儀礼なのだ。そこにも、酒が深く介在するのである。

直会の顕著な伝承例は、いうまでもなく神社での祭典の直後に行なわれるそれである。神酒を下して頭屋（当屋）や総代などの参列者がいただく。厳密にいうと、神々が召しあがった酒を人びとが相伴するのである。それによって、神人が一体化する。ということは、神と人とが誓約をなした、とするのである。人びとは、「おかげ」を得た、とするのである。

直会での「酒礼」の次第や作法は、必ずしも統一されているわけではない。が、正式なかたちは、「式三献」にある。式献とは、原則は酒一盃と肴《さかな》一品のこと。つまり、酒肴《しゅこう》一膳。正式には、一膳ずつとりかえて供する。これを三度くりかえして賓客に供するのが式三献である。「三々九度」（三盃を三口ずつで交換）にほかならない。が、近年は、その慣行も後退してきている。

ひとつの盃のやりとりも、日常からはすっかり後退した。それを由々しきこと、とはいわない。しかし、「これは、御神酒だから」「駆けつけ三杯」などといいながら盃の応酬をする習俗も、盃事の文化踏襲、とみるべきなのだ。日本における酒は、ただの祝い酒ではない。神と人、人と人とをつなぐ「誓酒」、といいかえてよいのである。

そのことを、ここであらためて思いださせてくれた。『古事記』編纂当時の人びとがすでに共有していた盃事を、神話世界に投影していることに感動さえ覚えるのである。

夜は、静かにふけていった。

オオクニヌシと后スセリビメの仲直りの終尾を『古事記』では、「これを神語《かむがたり》と謂ふ」、と締める。これも意味深長な表現である。

出雲での国づくり

オオクニヌシが出雲の美保《みほ》岬に坐《ま》します時、波の彼方《かなた》から天《あめ》の羅摩船《かかみぶね》（ガガイモを割ったような形の船）に乗って、動物の皮を剝《は》いだ衣服《きもの》をまとって近寄ってくる神がいた。

その名を問うてみたが、答えない。近習の神々に問うてみたが、皆「知らない」、という。そこにいた蟇《ひきがえる》が申すことには、「たしか、崩彦《くえびこ》が知っておりましょう」。早速、崩彦を呼んで問うたところ、「こは神産巣日神《かみむすひのかみ》の御子《みこ》、少名毘古那神《すくなびこなのかみ》なり」、と答えたことである。

そこで、オオクニヌシは、カミムスヒの神（神産巣日神）に尋ねあわせることにした。

また、ここでことわっておこう。

カミムスヒは、高天原《たかまがはら》の天つ神である。先述もしたように、高天原でも初めにありきの別格三柱のうちの一柱である（他の二柱は、天之御中主神《あめのみなかぬしのかみ》と高御産巣日神《たかみむすひのかみ》）。オオクニヌシは、天つ神スサノヲの子孫とするものの国つ神である。そう簡単にカミムスヒに尋ねあわせることができるのか、という疑問がここでも生じる。が、『古事記』での記述は、疑いをはさむ余地がないほどに直線形で進む。

話を戻す。

カミムスヒは、のりたもうた。

「これは、まことに我が子でありますぞ。葦原色許男《あしはらしこお》の命《みこと》の兄弟として、あなたの国づくりを手伝わせなさい」

それから、オオナムジとスクナビコナの神（少名毘古那神）の二柱が相並ぶかたちで国が造り固められていくのである。

その国とは、古代出雲の国であることはいうをまたない。『古事記』では、「葦原《あしはら》の中津《なかつ》国《くに》」。あるいは、「水穂の国」とある。稲穂が実る国、という意味がある。古代の日本では、どこよりも早く開けたところとみてのことに相違ない。

それゆえに、先述したように、それよりのちに集権して大国と成る倭《やまと》（大和）をどのように結びつけるか。その腐心のほどが、『古事記』の編纂からもうかがえるのだ。相棒スクナビコナの、突然とも思える離別がそうである。

「少名毘古那神は、常世国《とこよのくに》に度《わた》りましき」。オオクニヌシ（ここまではオオナムジ）は、愁いてつぶやいたものである。

「吾《あ》ひとりして、いかにこの国をつくれようか。いずれの神と組んで国をつくればよいのか」

このとき、海を光《てら》して寄りくる神があった。

その神が言ったものだ。

「吾《あ》をしかと祀ってくれるなら、共に国づくりを成さん。もし祀らないならば、国は成りがたいだろう」

オオクニヌシは、「しからば、治め奉《まつ》るにはいかにすればよろしいのか」、と。その神は、答えて言った。

「吾《あ》をば、倭の青垣の東の山の上に拝《いつ》き奉れ」

そして、「こは御諸山《みもろやま》の上に坐《ま》す神なり」、でこの項が終わる。

そこで、オオクニヌシの国づくりは成った、ということになる。短絡的、といってよいほどの急展開である。が、ここでは、出雲と倭が不断の関係にあることにふれておくことに『古事記』編纂の意図があったのであろうとみれば、納得がゆく。

ここでの御諸山とは、三輪山《みわやま》に相違ない。ということは、その神とは、オオモノヌシの神（大物主神、以下オオモノヌシ）ということになろうか。『古事記』ではそこまではふれないが、『日本書紀』でいう。「一書に曰《い》はく、大国主神、またの名は大物主神、または国《くに》作大己貴命《つくりのおおあなむちのみこと》と号《まお》す」、と。

『日本書紀』は、『古事記』の成立（七一二年）から八年後（七二〇年）に完成した史書である。先述もしたが、勅撰の正史とされる。ということは、『古事記』の偏りを正しての朝廷中心を権威づけた史書なのである。その撰（編纂）を進めるなかで、先行するオオクニヌシの国づくりを倭（大和）に結びつける必要がなお強くあったに相違あるまい。『古事記』の記述では十分でない。そこで、「一書に曰はく」、とぼかしなら、あらためてオオモノヌシとオオクニヌシの習合をはかったのであろう。

『日本書紀』では、オオモノヌシをオオクニヌシの「またの名」とする。ということは、『古事記』でのオオクニヌシの名は合わせて五つであった。『日本書紀』では、オオモノヌシを加えるが、かといって六つにはならない。オオモノヌシ・オオクニヌシ・オオナムジの三柱である。それは、もっともなことで、出雲の神話を大幅に削った『日本書紀』には、他の三柱（アシハラシコオの神・ヤチホコの神・ウツシクニタマの神）が登場する場はないのである。

国譲りの不思議

高天原《たかまがはら》では、天照大御神《あまてらすおおみかみ》が神々を前にのたもうた。

「あの豊葦原《とよあしはら》の水穂《みずほ》の国《くに》は、わが御子《みこ》、天忍穂耳《あめのおしほみみ》の命《みこと》が治めるのがふさわしい国であるぞ」

早速、アメノオシホミミの命《みこと》（天忍穂耳命）を天降りさせよ、と大御神。命《みこと》は、天《あめ》の浮《うき》橋《はし》までおもむいて下界をのぞいた。「豊葦原の水穂の国は、ひどく騒々しいようです」、と天照大御神に申しあげた。暗に、降りたくない、と申しあげたのである。

天の安の河原に神々が集まって相諮《あいはか》った。オモイカネの神（思兼神、以下オモイカネ）が発言した。オモイカネは、知恵深き神である。「あの葦原《あしはら》の中津国には荒ぶる神どもが多い。誰かを遣わせて、それを説き伏させよう」、と判断した。ここで、はじめて「葦原の中津国」という国名が明らかになるのである。

ここで、アメノホヒの神（天菩比神、以下アメノホヒ）が選ばれ、赴くことになった。しかし、アメノホヒは、三年たっても復命しなかった。オオクニヌシにへつらい従ったままであった。

また、諸神たちを集めて天照大御神が「何《いず》れの神を遣わさば」、と問いたもうた。オモイカネが答えた。そして、アメノワカヒコ（天若日子）が選ばれた。

アメノワカヒコには、天之麻迦古弓《あめのまかこゆみ》と天之波波矢《あめのははや》が授けられた。

アメノワカヒコは、天降るとすぐに、オオクニヌシの娘シタテルヒメ（下照比売）を娶《めと》り、その国を獲得しようと図った。しかし、八年経っても復命しなかった。

高天原では、また天照大御神が諸神たちに問いたもうことになった。ここでも、諸神たちを代表してオモイカネが「雉《きざし》、名は鳴女《なきめ》を遣わすべし」、と答え申した。

鳴女は、天降る。それを知ったアメノワカヒコに、アメノサグメ（天佐具売）なる巫女が「この鳥は、鳴く音《こえ》悪しき。射殺すべし」、と神託をつげた。

アメノワカヒコは、天之波士弓で天之加久矢を射って鳴女を殺す。胸にその矢を貫いたまま鳴女は、高天原に押し返された。タカギの神（高木神）がその矢を取って、「この矢は、天若日子に賜えりし矢ぞ」といって、諸神たちに見せた。

そして、その矢を、「もし邪《きたな》き心があれば、天若日子よ、この矢に禍《まか》れ」といって、下界に衝《つ》き返した。それが、朝床で眠っていたアメノワカヒコの胸を射て、アメノワカヒコは、あえなく死んだ。アメノワカヒコの妻、シタテルヒメの哭《な》き声が風にのって高天原にも届いたことであった。

『古事記』では、アメノワカヒコの父母が天より降りて喪《も》を弔《とむら》い、嘆き悲しむようすが書かれている。が、ここでは割愛する。

天照大御神が、「また、いずれの神を遣はさん」、とのりたもうた。今度も、オモイカネが答申した。「伊《い》都《つ》之尾張神《のおわばりのかみ》、これを遣はすべし。またこの神にあらずは、その神の子、建御雷《たけみかづち》の男神これ遣はすべし」、と。それで、タケミカヅチの神（建御雷神、以下タケミカヅチ）にアメノトリフネの神（天鳥船神）を副《そ》えて派遣することとなった。

二柱の神が、出雲の伊那佐《いなさ》の浜に天降り、十掬剣《とつかのつるぎ》を抜き立てて身分を名のって、オオクニヌシに問うた。

「汝《いまし》がうしはける（統治する）葦原の中津国は、天照大御神が、わが御子《みこ》の知らす国ぞと言《こと》よさしたまひき。故《かれ》、汝が心はいかに」

オオクニヌシにとってみれば、再三の国譲りの交渉。理不尽なことには相違ないが、今度は折れた。しかし、「我が子、八重事代主神《やえことしろぬしのかみ》、これにはかるべし」、と答えた。ところが、コトシロヌシの神（事代主神、以下コトシロヌシ）は、魚獲《と》りに美保の前《さき》（美保が関）に出かけたままでいた。それを呼び返して、問うた。コトシロヌシは、「恐《かしこ》し、この国は、天つ神の御子に奉《まお》らん」、と答え、身を隠した。

オオクニヌシは、「また白すべき子ありや」と問われて、「我が子、建御名方神《たけみなかたのかみ》あり」、と返答した。

折しもそのとき、そのタケミナカタの神（建御名方神、以下タケミナカタ）が、岩ほどの大きな石を携えてやってきた。

「誰だ。我《あ》が国に来て、こそこそと物言うているのは。しからば、力競《ちからくら》べをいたさん。我、先に御手《みて》を取らん」

その力競べとは、相撲だったか、腕相撲であったか。古く相撲は、ただの力競べではなく、神事であった。神占《かみうら》であった。ここでも、そうみるべきであろう。

タケミナカタがタケミカヅチの手をとると、タケミカヅチの手は氷柱と化し、また剣の刀とも化した。今度は、タケミカヅチがタケミナカタの手をとろうとした。タケミナカタは、恐れ退き、逃げ去った。

その先は、科野《しなの》（信濃）の国州羽《すわ》（諏訪）の海であった。追いつめたタケミカヅチがタケミナカタを殺そうとしたとき、タケミナカタが畏《かしこ》まって申したてた。

「恐《かしこ》し。我《あ》を、どうぞ殺さないで給われ。この処《ところ》以外の、どこにも行かじ。大国主神にも、事代主神にも違《たが》わじ。この葦原の中津国は、天つ神の随《まにま》に献つらん」

ここに、オオクニヌシの憂いもなくなった。

「吾《あ》が子ども、二柱の神の白《まお》す随《まにま》に、吾《あ》は違わず。この葦原の中津国は、命《みこと》の随《まにま》に献まつらん」

「ただし」ともいった。自分の住むところを、「高天原に千木《ちぎ》高知りて」というほどの荘厳な宮殿を造ってもらいたい、と要求したのだ。すなわち、国つ神のなかでは、もっとも格式を高く安鎮してほしい、と願ったのだ。なお、この故事が、出雲大社をもっての格式に伝わるのは、いうをまたないことである。

以下、『古事記』では、御饌《みあえ》（食べもの）や燧火《きりび》（発火装置）など、その宮殿での営みのさまざまがとどこおりなくなされるような仕様が整ったことが説明されている。が、これは、ここではふれないでおく。

これを終えて、タケミカヅチは、高天原に帰り、葦原の中津国を「和平《やわ》しつる状《さま》」を復奏したことであった。

大国主と大黒天の習合

オオクニヌシは、大黒《だいこく》さまと呼ばれる。最初に呈した童謡もそうであった。

大黒さまとは、すでに親しみ深い呼称として定着している。それを否定するものではない。しかし、オオクニヌシと大黒さまの出自は違う。それが、ある時代に習合して、通念として一体化してしまったのだ。そのことを、しかと認識しておかなくてはならないだろう。

これまでも、何度かいわれてきたことでもある。たとえば、『風俗画報』第百二拾四号（明治二九年）では、主筆の山下重民が次のように述べている（旧字は、新字に、ルビも平易に改めた)。

「古事記に、大己貴命《おおなむちのみこと》、常に笑《わらい》を好みたまひしこと、槌を持ち、俵を踏み給《たま》ひしことは見えざるを、福の神と称するよりして、私意を加へて、笑も、槌も、俵も、皆妄作《ぼうさく》なり」

そうなのである。オオクニヌシと習合した大黒さまの人相、風体は、福々しく描かれる。目は大きく、やさしい。大きな頭巾《ずきん》をかぶっている。そして、手に打出の小槌を持ち、肩に大きな袋を担ぎ、米俵の上に座している。その印象が強い。しかし、それは、ある時代にある人たちが創作したものなのだ。右の引用文によると、「妄作」ということになる。

しかし、大した創作力、といわなければならない。それを「福の神」として認め、信じることで、後世の人たちが安心を共有したのである。

ダイコクの元とは、大黒天に相違ない。オオクニヌシの大国を読みかえると、これもダイコク。たぶん、それも習合を助けたのであろう。が、ダイコクなる呼称の元は、大国主ではなく大黒天なのである。

大黒天は、仏教のなかでも密教(真言宗・天台宗)の尊格に位置づけられている。

密教での諸仏の尊格は、如来《にょらい》部・菩薩《ぼさつ》部・明王《みょうおう》部・天《てん》部の四つに類別する。それは、曼《まん》荼羅《だら》をみるとよくわかる。曼荼羅には、金剛界曼荼羅と胎蔵界《たいぞうかい》曼荼羅がある。両部曼荼羅は、古代の中国仏教のなかで完成された。それを、日本へは空海や最澄が持ち帰ったのだ（伝世のそれは、空海招来のものだけ）。

とくに、胎蔵界曼荼羅がわかりやすい。その構図は、中央を八葉院といい、その中心に大日如来をもっとも大きく描く。そして、四如来と四菩薩を配す（大日如来を別格として、これで八葉院）。いずれも尊格の高い仏である。静かに座す。その外郭に菩薩、さまざまな所作の明王の諸仏が配される。内に近いところの如来・菩薩が大きめに、そこより遠いところの明王が小さめに描き分けられているのは、もちろん尊格の違いを表わしてのことである。

そして、最外郭部に、小さな仏像がたくさん描かれている。さまざまな表情や姿勢であり、よく見ないと見落とすことにもなる。これが、毘沙門天《びしやもん》（多聞天《たもん》）・弁財天・帝釈天《たいしやく》・持国天《じこく》、そして大黒天などの天部なのである。

胎蔵界曼荼羅の構図は、中央部がご慈悲深い静的な仏尊、外郭部になるにつれて動的で世俗的な諸仏が配されているのだ。そのところで、天部は、まだ成仏できていない煩悩多き諸仏といいかえてもよい。よく見ると、そこには人びとのいがみ合いや動物の殺生なども描かれているのだ。

ということからすると、天部の諸仏には、中国仏教からみると外来の雑神が多いことも当然なのである。大黒天も、インドから取りこまれそこに加えられたのである。

大黒天をして魔訶迦羅《まかから》天とも記される。サンスクリットのマハーカーラの訳である。サンスクリットのマハーは「大」、「カーラ」は「闇」とか「黒」を意味する、という。そこには、明るい印象がない。

ヒンズー教では、戦闘の神でもあった。それゆえに、胎蔵界曼荼羅に描かれた像も、身体が黒色で短軀《たんく》、頭髪が逆立った憤怒《ふんぬ》の相。手には、刀剣を持つ。日本における大黒さまのそれとは、大きな隔たりがあるのだ。

中国では寺院の食堂に祀られてきた。日本にもそれが伝わり、密教寺院では庫裡《くり》に安置された。そして、広く台所の神となり、米俵に乗る福の神ともなったのである。

怒りをあらわにした軍神・大国天（INAX出版『ゑびす大黒』より）

日本でオオクニヌシとダイコクが習合したのは、いつのころか。しかと特定することは、むつかしい。が、神仏習合が進む中世のころ、とみるのが妥当だろう。誰がそう発案したかは、これまた、しかとはたどれない。しかし、大胆にして愉快な創作力ではないか。

オオクニヌシを福の神とするのも、『古事記』の記述にしたがってこれまでみてきたように、妥当でないところが多い。多情であり策略にも長《た》けている。葦原《あしはら》の中津国《なかつくに》の国づくりも、ひとりで行なったものではない。そして、国譲りに際しても自らの宮処《みやどころ》の格上げを要求しているのである。したたかな国つ神というのがふさわしい。

ダイコクと習合することで、オオクニヌシも「稲羽の白うさぎ」の童話と同様の神格美化が進み、その印象が円く高まったのである。

天部の諸仏（諸神）は、尊位が低い。そして、人間に近いさまざまな表情をもち、一芸に通じた得手《えて》をもつ。その表情や持ちものから、それが判別できる。それゆえに、それぞれの職業ごとに、それを抽出するかたちで職能神として崇《あが》めることにもなった。たとえば、中世の半農半士的な下級武士が摩利支天を、流浪する芸能者が弁財天を守護神としたがごとくにである。

大黒さまが福の神としての神格を強めて一般に広まるのは、恵比寿《えびす》さまと対で崇められるようになったからでもある。それも、室町後期にはじまるとしてよい。たとえば、『塵塚物語』に、「大黒と夷《えびす》と対して、或は木像を刻み、或は絵に描きて富貴を祈る本主とせり」という記述がある。また、狂言でも、「夷大黒」が演じられるようになった。京都を中心に広まった信仰、とみてよかろう。そこでは、「大黒・恵比寿」が商家の守護神として広まった形跡がみられる。

これは、『古事記』にしたがえば、オオクニヌシとコトシロヌシとの合併である。しかし、ここでもコトシロヌシとエビスは、もとより同体とはいえないのである。

そこで、「夷」という文字がつかわれることに注目しよう。のちには、「戎」とか「恵比寿」という表記にもなる。しかし、『塵塚物語』でもあるように、古くは「夷」である。

エビスとは、エゾと同じように都から遠く離れた土地の民を指す（『広辞苑』第六版）。それが転じて、異界からの漂流体を指すことにもなる。たとえば、海上をさまよって流れ着いた遺体。高知県下の海岸部などでは、人だけでなく鯨の死体もそう呼んだ。とくに、瀬戸内海や太平洋岸では、エビスは、漂着神としての性格が強いのである。

それが、漁民の信仰につながる。九州南部の漁村では、エビス石を祀る習俗があった。宮本常一《つねいち》「エビス神」（民衆宗教史叢書第二八巻『恵比寿信仰』に所収）によると、鹿児島県下には、「エビス石」なる信仰の習俗があった、という。たとえば、正月一五日に若者が水中にもぐって手にふれた石を拾ってきて、それをエビス神として村中で祀った。神体は毎年とりかえる。また、甑島《こしき》では、漁業のはじまる前に若者が目隠しをして水中に潜り、手にあたった石をとってきてエビス神として祀った。そして、不漁のときは、その石を捨て、海中からまた新しい石を持ってきて、それをエビス神として祀った、と報告しているのである。

エビス信仰にも、時代ごとにいろいろな要素が重なってくる。

漁業神として明確になるのは、立烏帽子《えぼし》をかぶって魚を腋下《えきか》に抱いた神像がでてきてからであろう。そこで、コトシロヌシとの習合もでてきたに相違あるまい。『古事記』でのコトシロヌシは、出雲は美保が関で魚を獲って遊んでいる、とある。ただそれだけの故事だが、よくぞ漁業神としてとりあげられたものである。

エビスとコトシロヌシが習合したところで、「夷」は「恵比寿」と、めでたい表記に変わった。このあたりも、神仏の習合が盛んになされる鎌倉期から室町期にかけてのころ、というしかない。それぞれの由緒や創建はさまざまだが、全国では約三〇〇〇社もの「えびす神社」がある、という。それは、漁民社会だけでなく、町人社会にも広く信仰を拡大してのことであった。

オオクニヌシとコトシロヌシの合祀《ごうし》、これは、『古事記』において親子の関係が明らかであるから、さほどに奇異な創作ではない。しかし、ダイコクもエビスも、『古事記』には無縁の呼称であることは、先述もしたとおりである。

時代とともに神々も変化する。それは、人びとに許容されやすい変化であり、それが日本の神話をなしている。あるいは、伝説をなしている。そこでの神々は、常在神ではなく、絶対神でもなかった。いうなれば、神々の変幻自在は、その時代の人びとの世情安定、あるいは一族繁栄への願望というものであっただろう。

日本は、現在も神仏が習合の信仰をそこここに伝える。明治政府において神仏分離（神

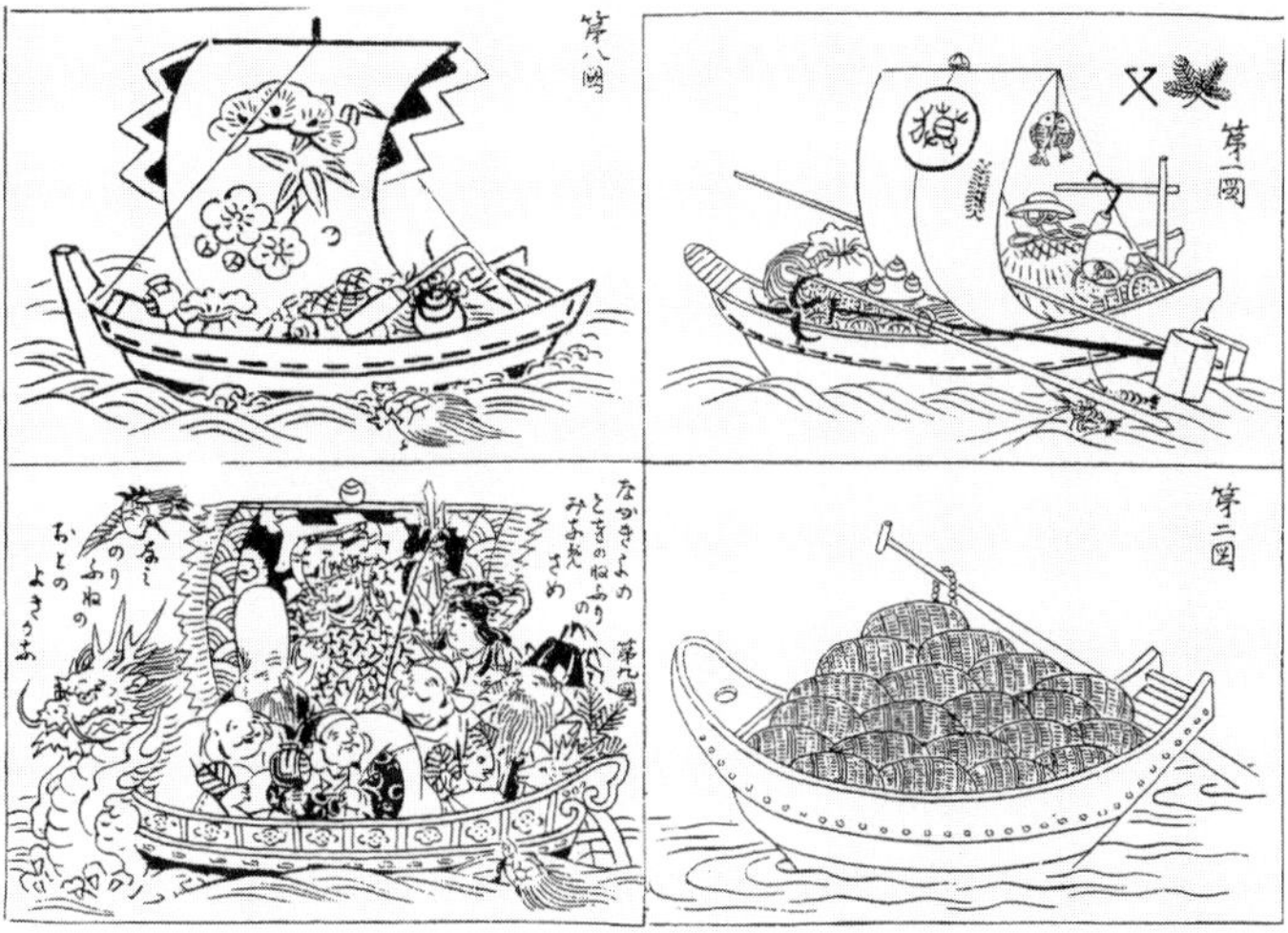

宝船図の変遷（INAX出版『ゑびす大黒』より）

仏判然令）がはかられたが、旧家に神棚と仏壇が併存するがごとく、その実態は神仏習合を伝えてきた。そして、七福神信仰や札所（番所）巡りのように多神仏が同列の信仰を伝えてきた。そこには、人びとにとっての「ご都合主義」が反映している、といったら言い過ぎだろうが、しかし神仏は、人びとの求めに応じて、さほどに厳格な手続きをせずとも寄り添ってくれる存在なのである。

およそ、宗教統制の歴史をもつ民族社会ではありえないことだろう。日本は、ついぞ宗教統制をさほどに大事とせず、多神教が共存を是としてきた。おもしろい、というしかない。そこでの神々も多様な性格があるが、それも絶対的ではない。時どきに変化もあり習合もあり、それがおもしろい。ということは、神々と人びとの自在な関係がおもしろい。それを素直に読みとっていきたい、と思う。

第二章　山幸彦の旅

むかし　むかし　浦島は
助けた亀に連れられて
竜宮城へ来てみれば
絵にもかけない美しさ

浦島太郎の竜宮城への旅は、童謡によってよく知られるところである。また、童話によってもよく知られるところである。

その原作ともいう神話が『古事記』（上つ巻）にある。

浦島太郎のモデルは、『古事記』での山幸彦（火遠理命《ほおりのみこと》）である。もちろん、実在したかどうかは明らかでない。が、その当時の人びと、とりわけ国を治めようとする人びとにとっては、神人系（家系）の位置づけとともに「山」と「海」に代表される自然系の位置づけをおろそかにできなかったはずだ。

日本をして、「島国」という。それで間違いではないが、「山島」といってもよい。いや、その方がより的確であろう。開発が進んだ現代でも、国土の七〇パーセント以上は山地の森林である。世界でも冠たる山島列島なのである。神々の多くも、山と海に集《すだ》く。それも、多くが山に集いている。いわゆる霊山霊峰が、山島列島いたるところにみられるのである。

古代にさかのぼってみてもそうであった。そして、そこに住む人びとも、山の幸と海の幸の恩恵があって、暮らしが支えられてきたのだ。

その「山」と「海」をつないだものがたりが、山幸彦の「海神の宮訪問」という旅なのである。

海神の宮を、海幸彦（火照命《ほでりのみこと》）ではなく山幸彦が訪れる、そのことに意味があるのだ。山幸彦と海神の娘トヨタマビメ（豊玉毘売）が婚《まぐわ》う、そのことに意味があるのだ。そのものがたりに入る前に、「天孫降臨」にふれておかなくてはならない。それは、山幸彦の出生に深く関連しているからである。

オオクニヌシの神（大国主神、以下オオクニヌシ）は、出雲において葦原《あしはら》の中津国《なかつくに》の国づくりを成した。

しかし、天照大御神《あまてらすおおみかみ》にその国を譲ることになった。そして、高天原《たかまがはら》に千木《ちぎ》が届くほどの壮大な宮殿に隠れ、国つ神の最上神として鎮まることになった。これで大団円、めでたしめでたし、と、ものがたりは納まるはずである。

たしかに、オオクニヌシと葦原の中津国のものがたりは納まった。しかし、それは、いってみれば地方史。天つ神が降臨して集権をはかる「大倭《おおやまと》」（大和）という国のものがたりは、まだ緒についたばかりである。

そこで、あらためて天孫降臨となる。

天孫降臨のその地は、出雲ではない。日向《ひむか》（現在の宮崎県）の高千穂《たかちほ》の峰が、その舞台となる。なぜ、出雲でなくて日向か。諸説がある。その場所の比定はともかくとして、それは、より大きな国づくりとより正統な天皇系の家譜づくりをものがたるためであっただろう。そのことは、以後の『古事記』の展開をみると、明らかなことである。さらに、『日本書紀』の展開をみると、明らかなことである。

邇々芸命の天孫降臨

はじめに天照大御神《あまてらすおおみかみ》の命《めい》が下ったのは、アメノオシホミミの命《みこと》（天忍穂耳命、以下、アメノオシホミミ）にであった。

アメノオシホミミが登場するのは、二度目である。はじめは、天照大御神をしてオオクニヌシが治めた葦原《あしはら》の中津国（水穂《みずほ》の国とも）を譲るようにと交渉をはじめるときである。天照大御神は、「豊葦原《とよあしはら》の水穂（瑞穂）の国は、我が御子《みこ》、正勝吾《まさかつあ》勝勝速日《かつかちはやひ》天忍穂耳《あめのおしほみみ》の命《みこと》の知らす国ぞ」、といい、アメノオシホミミを天降すことにした。ここで、「我が御子」とある。天照大御神は、性別を明らかにしていない。特定の男神と契ったこともない。しかし、アメノオシホミミを御子としているのだ。不思議なことだが、葦原の中津国を統治しようとしたとき、その存在が必要であったに相違ない。それで、直系皇子が登場するのである。

しかし、アメノオシホミミは、天《あめ》の浮橋より下界をのぞき、「水穂の国は、いたく騒ぎてあり」、といって引き返したものである。

今度も、同じように尻込みをする。

天照大御神が、「今、葦原の中津国が平定された、と知らせがあった。安心して降りまして、知らしめせ」、とのりたもうた。ところが、アメノオシホミミは、答えたものだ。

「私が天降ろうと準備をしているそのときに、子どもが生まれ出でました。名は、天津日《あまつひ》高日子番能邇々芸の命《ひこほのににぎのみこと》。この子を降ろすのがよろしかろう」

代わりの子が生まれ、すぐさま天降りをさせる。何と短絡的な、だから神話なんかは信用がならん、などとはいわないことだ。自分の系譜は、天照大御神の皇太子格とされるが、必ずしも明らかでない。ならば、これも、我が子ニニギの命（邇々芸命、以下ニニギ）のさらなる格付けのための作為なのである。

まず、「天津日高日子」。これは、天つ神のなかでも、とくに位の高い御子という意である。そして、この後に、「この御子は、高木神《たかぎの》の女《むすめ》、萬幡豊秋津師比売の命《よろずはたとよあきつしひめのみこと》に御合《みあい》して産ませる子（中略）日子番能邇々芸の命《ひこほのににぎのみこと》」との説明が加わっている。タカギの神（高木神）とは、タカミムスヒの神（高御産巣日神）。『古事記』の冒頭にでてくる「天つ五神」の一柱である。天地《あめつち》が開闢《かいびゃく》のとき、天照大御神が生まれる前の別格神である。その最上位の神の息女と天照大御神の皇太子格のアメノオシホミミが交って生まれた御子ということで、ここにニニギをして最上の格付けができたのである。

天照大御神は、あらためてニニギに対して「この豊葦原の水穂の国は、汝《いまし》が治める国と委《ゆだ》ねましょうぞ。故《ゆえに》、天命をよく心して天降るべし」、とのりたもうた。

そこで、ニニギは、「日向《ひむか》の高千穂《たかちほ》のくじふる嶺《たけ》に天降りまさしめき」と相なるのである。

ニニギには、アメノオシヒの命《みこと》（天忍日命）、アマツクメの命《みこと》（天津久米命）が従った。その二柱の従神が、そこで気づいて具申した。

「ここは韓国《からくに》に向ひ、笠沙《かささ》の御前《みさき》を通りて、朝日の直刺《たださ》す国、夕日の日照る国なり。故、此地《ここ》は甚《いと》吉《よ》き地《ところ》」

ここで、「韓国」が出てきたことに注目しなくてはなるまい。すでに往来がはじまっていた古代朝鮮とみるか、どうか。『日本書紀』では、「空国」と改めてある。

二上山――高千穂には天孫降臨伝説を持つ嶺が複数ある。そのうちのひとつが二上山である

それにつけても、諸説がある。そのなかで無視できないのが、天孫降臨の神話自体が朝鮮の神話の模写、という説である（三品彰英《みしなしょうえい》『日鮮神話伝説の研究』）。そして、タカチホは、伽耶国《かや》（朝鮮神話の地）に向かっての吉き地の高千穂（北九州の吉野ケ里のあたり）であった、という説もある（川村湊《みなと》『海峡を越えた神々』）。いずれもうがった説ではあるが、ここでは紹介だけにとどめておこう。

いずれにしても具体性は乏しいのだが、高天原で想定していた天孫降臨の地は、日向の高千穂ではなかった、と読むこともできようか。しかし、「某国を目指してはおりましたが、道を違えてやって来たここも吉兆の地ではありませんか」。二柱の従神がそう言って納めた、としておこう。

ニニギが天降ったとする日向の高千穂につ

いても、論争がある。明治のはじめから、その所在地をめぐって宮崎県と鹿児島県の間で綱引きが続けられたのである。識者やマスコミの間でも、いくとおりかの見解が分かれており、それぞれの想念が対立を招いている。それについては、千田稔『高千穂幻想』が詳しい。千田稔は、そこで「笠沙と想定される薩摩半島の南西部の海辺から霧島連峰の高千穂峰を望むことができる」という視点から降臨説話を読みなおし、「やはり霧島山系を襲《その》之峰とする」。ここでも、それに同意しておきたい。

天孫降臨を迎えた猿田毘古神

ニニギが霧島山系のどの峰かに天降った。そのときに、天《あめ》の八衢《やちまた》で、上は高天原《たかまがはら》、下は葦原《あしはら》の中津国を光《て》らす神がいた。それが、国つ神のサルダビコの神（猿田毘古神、以下サルダビコ）であった。「天つ神の御子が天降りますと聞き、御崎《みさき》に仕え奉らんとして参りました」、と申したことであった。

一方で海にまつわる神ともされ、阿邪訶《あざか》（三重県松阪市と比定）に坐《ま》すサルダビコが天と地を結ぶ八衢（分かれ道）までその任をたずさえて来たのである。ここで、「御崎に仕え奉らん」という表現に注目したい。これは、国つ神が天つ神に敬意をもって仕える、その先がけの意味があってのことだろう。そこで、サルダビコをして「導き」「先払い」の神格が派生することになるのだ。各地に伝わる神楽、なかでも中国山地に伝わる神代《じんだい》神楽

高千穂連峰――宮崎県と鹿児島県にまたがる高千穂連峰だが、天孫降臨の場所と特定するのはむつかしい

（神話を演劇化した神楽）では、冒頭にサルダビコの舞が登場する。それは、方向と悪霊祓《ばら》いの舞でもあるが、右の故事に由来し、以後の神楽に登場する神々を先導するものでもある。

さて、天降ったニニギは、サルダビコによほどの恩義を感じたのだろうか。先に天降って、サルダビコをそこに招いていたアメノウズメの命《みこと》（天宇受売命、以下アメノウズメ）に仰せつけたことであった。

「この御崎において先導をつとめ仕えてくれた猿田毘古神は、その神をよく知る汝《いまし》がお送りしなさい。また、その神の御名は、汝も受け継いで奉《まつ》るがよかろう」

以来、アメノウズメを祖とする女たちを

「猿女君《さるめのきみ》」と呼ぶようになった。

『古事記』では、なおもサルダビコの余話ともいえるものがたりが続く。

サルダビコが阿邪訶に坐すとき、漁をしていて比良夫貝《ひらぶがい》に手を嚙《か》まれ挟まれて溺《おぼ》れた。そして、海底に沈んでいた間の名前を「底どく御魂《みたま》」といい、その海水が泡だつときの名前を「粒だつ御魂」といい、その泡が海面にはじけるときの名前を「泡咲く御魂」という。

サルダビコもまた、山にも海にもゆかりの深い国つ神なのだ。それゆえに、どこにでも転じ、神々の先導ができるのである。

アメノウズメがサルダビコを送って後、海の魚の大小を追い集めて、「おまえたちは、天つ神の御子に仕え奉《まつ》るか」、と尋ねると、多くの魚が皆「仕え奉らん」、と答えた。海鼠《なまこ》だけは返答がないので、アメノウズメは、「この口や答えぬ口」、といって、小刀《こがたな》をもってその口を裂いた。ゆえに、今でも海鼠の口は、裂けたままなのだ、という。

なぜに、これほどまで、さほどに大事とも思えないものがたりを長々と。天つ神ニニギにしては、はじめて会った国つ神である。しかし、それにしても破格の礼の尽くし方であった。

なお、天孫降臨のそのときには、アメノウズメをはじめアメノコヤネの命《みこと》（天児屋命）、フトダマの命《みこと》（布刀玉命）、イシコリドメの命《みこと》（伊斯許理度売命）、タマノオヤの命《みこと》（玉祖命）も天降っている。それぞれに、中臣《なかとみ》の連《むらじ》、忌部《いんべ》の首《すびと》、鏡作《かがみつくり》の連《むらじ》、玉祖《たまのおや》の連《むらじ》などの祖先となった。また、常世《とこよ》のオモイカネの神（思金神）、タジカラオの神（手力男神）、アメノイワトワケの神（天石門別神）も天降っている。天照大御神から、それぞれに重要な神《かん》処《どころ》に鎮座して祭事を執り行なうよう仰せつけられてのことであった。

邇々芸命と木花の佐久夜毘売

さて、天降った後のニニギである。

笠沙の岬で、麗《うるわ》しき美人《おとめ》に出会った。「誰《た》が女《むすめ》よ」と問うたら、「大山津見《おおやまつみ》の神《かみ》の娘で、名は神阿《かむあ》多《た》都《つ》比売《ひめ》、またの名は木花《このはな》の佐久夜毘売《さくやびめ》」という答が返ってきた。

ニニギは、「吾《あ》、汝《いまし》に目合《まぐあい》せんと欲《おも》うが、いかに」と迫った。

ただ、ここでの「まぐわい」は、「目合」との表記である。他では「婚」という表記が出るので、求婚のまぐわいと結婚のまぐわいとは分けてある、とみるべきだろうか。いずれにしても、神々の求愛は性急なことである。

姫は、「私の口からは何とも。父大山津見の神が申しあげることでしょう」、と答えたことであった。

そこで、ニニギは、その父オオヤマツミの神（大山津見神、以下オオヤマツミ）に求婚の使者を立てた。父神は、いたく喜んで、姉娘イワナガヒメ（石長比売）を添えて差しあげましょう、とまで申しあげたのである。

ところが、そのイワナガヒメは、「いと凶醜《みにく》きによりて」、ニニギは送り返したのだ。そして、妹の木花のサクヤビメ（佐久夜毘売）を留めて、「一夜婚《まぐわい》したまひき」、とある。いかに天つ神とはいえ、横暴なふるまいである。国つ神を、女神を侮蔑しているのか、と怒りたくもなるところだろう。が、これも古事記ワールドなのである。

オオヤマツミは、いたく恥じた。が、次のように言い添えた。

「娘を二人並べて奉りましたのは、石長比売をお側におかれるなら、天つ神の御子《みこ》の御命《みいのち》は、雪降り風吹くとも恒に石のごとく長く続きます。木花の佐久夜毘売をお使いになるなら、木の花の栄ゆるごとく栄きます。と、誓《うけい》をして二人を貢進《たてまつ》りましたのです。それを、石長比売を返して、ひとり木花の佐久夜毘売を留めたもうた。ならば、天つ神の御子の御命は、木の花のようにもろくもはかないものとなるでしょう」

ただの恨み言ではない。まがまがしい予言（誓）である。

そこで、また唐突に現実的な一文が加わる。「故《ゆえに》、ここをもちて今に至るまで、天皇命《すめらみこと》たちの御命長くまさざるなり」、と。なお、『日本書紀』にも同様の記事がある。どうにも不可解な一件である。

現代語訳のなかには、天皇といえども生命は有限であることを語らしめている、と説く例もある。また、人類の短命起源説をとりあげる例もある。さて、どうだろうか。

ここで分別しないで、いましばらく読み進めてみよう。

オオヤマツミの不吉な予言を追い払うには、どのような手だてがあるのだろうか。

サクヤビメも、懐妊したものの、産むべきか産まざるべきか迷った。

「吾《あ》が妊《はら》みし子、もし国つ神の子ならば、産むこと幸《さき》くあらじ。もし天つ神の御子《みこ》ならば、幸くあらん」

迷ったあげく、父神オオヤマツミの予言と逆のことをいう。国つ神の子ならば無事ではあるまいが、天つ神の子ならば無事だろう、と。卜占《ぼくせん》をたてた、といってもよい。さらに、母性をもっての直感、そして覚悟、とみても間違いあるまい。

そして、戸がなく土で塗り固めた産屋《うぶや》をつくり、そのなかに入り、火を放ち、火が燃えさかるところで出産した。俗な表現をすれば、イチかバチか。自らの生命《いのち》と生まれてくる子の生命をかけたのだ。

産屋は、日常生活から隔離した聖なる場所である。それに火をつけて出産する、ということは実際にはありえないことだが、ここは別な解釈ができるであろう。ある種、神懸ってての出産。そこで無事に生まれたら、火をもってこの上なく清まった天つ神の直系と占《はか》っ

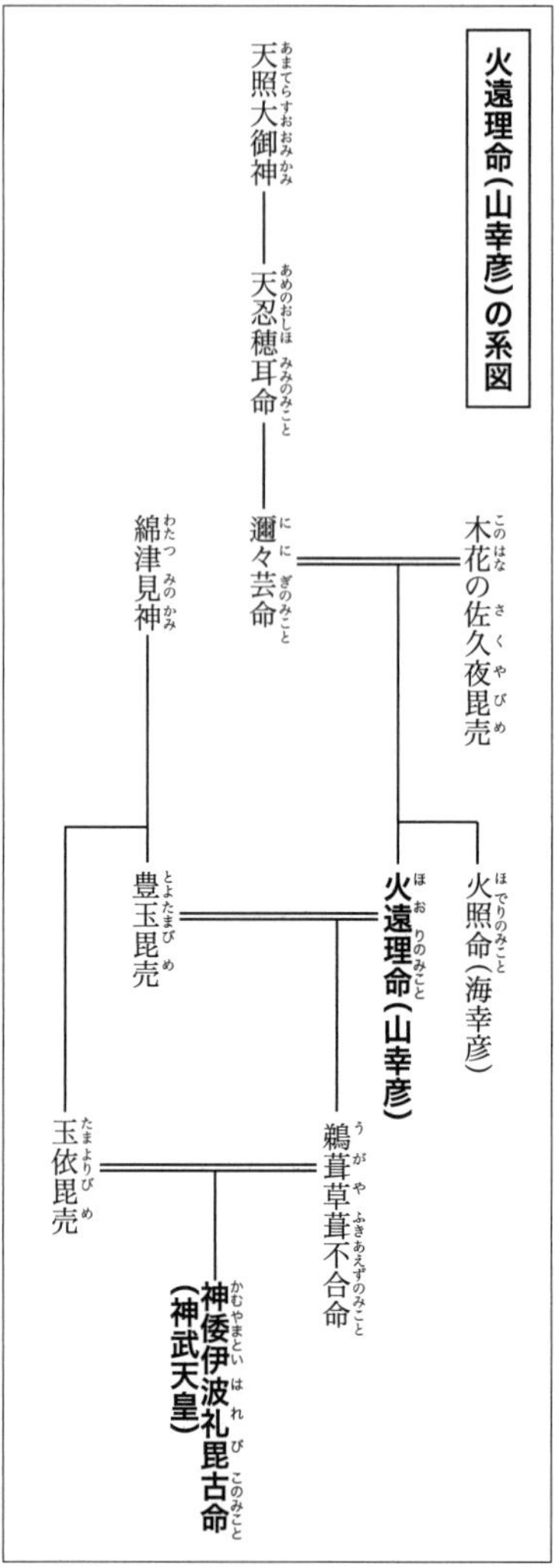

た、と読んでおきたい。

ここに生まれたのが、兄弟三神である。

ホデリの命《みこと》（火照命）

ホスセリの命《みこと》（火須勢理命）

ホオリの命《みこと》（火遠理命、またの名は天津日高日子穂穂手見命《あまつひこひこほほでみのみこと》）

すべての名に「火」が冠してあるのは、火の中で生まれたというよりも、火によって清められて生まれたから。そう解釈するのは、右に述べたように、けっして深読みとはいえ

「海幸山幸」の図（小林永濯画『鮮斎永濯画譜』より）

ないだろう。

そのうち、ホデリの命《みこと》が海幸彦、ホオリの命《みこと》が山幸彦となる。

海幸彦と山幸彦の確執

ホデリの命《みこと》は、海幸彦として鰭《はた》の広物《ひろもの》、鰭の狭物《さもの》を領分とする。また、ホオリの命《みこと》は、山幸彦として毛《け》の荒物《あらもの》、毛の柔物《にこもの》を領分とする。『古事記』では、冒頭でその領分を明確にしている。

にもかかわらず、あるとき、山幸彦は、兄海幸彦に乞うた。

「各々《おのおの》の幸を得る道具を交換して使ってみようではありませんか」

三度乞うたが、海幸彦は許さない。つ

いに、ただ一度だけなら、と妥協した。

そこで、山幸彦は、釣針（『古事記』では鉤《つりばり》）を借りて、海で魚を釣ろうとした。しかし、一尾の魚も得られなかった。そればかりか、その釣針を海に落として無くしてしまったのだ。

兄の海幸彦は、「山幸も己《おの》がさちさち、海幸も己がさちさち。お互いの領分を犯してはいけない。元に戻そう」、と釣針の返却を求めた。

山幸彦は、釣針を海で無くした、と答えた。それを聞いた海幸彦は、どうしても戻せ、と強く責めたてた。

山幸彦は、ならば、と自分の十挙剣《とつかのつるぎ》を削って五〇〇針をつくって償おうとした。

海幸彦は、受取らない。一〇〇〇針に増しても受取らない。「その正本《もと》の釣針を返せ」、と言いはるのである。

山幸彦は、泣き憂いて、海辺に出てさまようた。

そのとき、シオツチの神（塩椎神、以下シオツチ）がやってきて問いかけた。

「泣き患ひたまふ所由《ゆえ》は、何にぞ」、と。

山幸彦は、その理由を詳しく話した。

シオツチは、「汝命《いましみこと》のために、善きはかりごとを講じましょう」、といって、やおら小船を造りだした。そして、はかりごとを教えた。

「その船を押し流してしばらく行けば、よい潮路があるでしょう。その道に乗って往きますと、鱗《うろこ》のごとくに屋根を葺《ふ》いた宮があります。それが、綿津見《わたつみ》の神の宮でございます。その御門《みかど》に到ると、傍《かたわら》の泉の上にユツカツラという樹木があります。その木に登って坐《ま》さば、その海神の女《むすめ》が来るはず。それを待って、相諮《あいはか》るのがよろしいでしょう」

また、ここでも姫（『古事記』では比売、毘女）が出てくる。

姫と相諮る、ということは、姫の助けをかりる、ということに相違ない。ただし、補助してもらう、というのとも違う。姫の機転、あるいは策略にしたがう、という意が強くみられるのである。

オオクニヌシが根の堅洲国《かたすくに》に逃げたときがそうであった。スセリビメ（須勢理毘売）がことごとく危機を救った。

古代におけるそうした女性は、後における巫女《みこ》に相当するであろう。呪術的な能力を秘めており、ときに神懸りもする。それを存分に発揮したときには、権威ある男たちとて服従しなくてはならなくなるのである。あるいは、その占いや託宣《たくせん》によって、その社会の男女ともが行動せざるをえなくなるのである。ときに、それが狂気化もする。

民俗学における柳田國男の「妹《いも》の力」（『定本　柳田國男集』第九巻に所収）がそうである。

そこで、柳田は、「男女の差別を厳にした近世儒教社会の法則は、特に女性に向かって過酷であった」、とする。それが近代以降大きく変化して和らいだことをとりあげる一方で、地方においては儒教的な法則に支配されることなく古風を伝えているできごとをとりあげているのだ。

その一例が、東北の寂しい田舎を歩いていて遭遇した「はからずも古風なる妹の力」であった。六人の兄妹がおり、上の五人が兄、末が妹（一三歳）。それが狂気化した。現代の精神病理学でいうところの集団ヒステリー化。その中心は妹で、妹が向うから来る旅人を鬼だと言うと、兄五人がそろって狂暴化して打ち殺した。それで、その川筋では人通りが絶えてしまった、という話を紹介しているのである。

そして、「祭祀祈禱の宗教上の行為は、もと肝要なる部分が悉《ことごと》く婦人管轄であった。巫《ふ》は此《この》民族に在っては原則として女性であった」（ルビは、筆者）、と断言もしているのである。

古く、女性は神の近くにあったのである。

海神の宮と豊玉毘売

シオツチの教示にしたがって、山幸彦は、ユツカツラの木に登ってその時を待った。海神ワタツミの神（綿津見神、以下ワタツミ）の娘トヨタマビメ（豊玉毘売）の婢《めしつかい》が玉器を持ってやってきた。婢が水を汲《く》まんとしゃがんだときに、泉に光が映るのを見た。仰ぎ見たところ、麗しき男がいるではないか。いと怪し、と思うたことであった。

ここに、山幸彦がその婢を見て、「水が欲しい」といった。婢が水を玉器に入れて差し出した。山幸彦は、その水を飲まず、首飾りの玉を解いて口にふくみ、唾とともに玉器にはきだした。すると、その玉が器にくっついて離れないではないか。婢は、玉の付いた器をそのままトヨタマビメに渡した。

トヨタマビメは、「門の外に、どなたかおいでか」、と問うた。

婢は、答えた。

「泉の上のユツカツラの木の上に、人があります。いと麗しき壮夫《おとこ》です。我が王《きみ》にまして貴い壮夫です」

そして、そこでの会話と山幸彦の行為をつぶさに報告した。

トヨタマビメは、奇《あや》しみながらも出てみた。

「見感《みめ》でて、目合《まぐわい》して」、とある。一目惚《ぼ》れ、に相違ない。が、まだ伴侶《はんりよ》として許したわけではない。

そして、父ワタツミに、「門《かど》に麗しき人がいます」、と告げた。ワタツミも、早速出てみた。

「これは、これは。このお方は、天津日高《あまつひこ》の御子《みこ》、虚空津日高《そらつひこ》でございますぞ」

すぐに内に案内して、海驢《あしか》の皮の畳を八重に敷き、さらにその上に絹畳を八重に敷いてそこにお座りいただいた。机代《つくえしろ》に食物を盛りつけ、それを召しあがっていただいた。

そこで、ワタツミは、「その女《むすめ》豊玉毘売を婚《まぐわい》せしめき」。天つ神の御子、ということで、ここでも父神は、娘の「婚」に好意的であった。積極的であった。

よほど居心地がよかったのであろう。山幸彦は、その海中の国でトヨタマビメと同棲《どうせい》して、三年間も過ごしてしまった。

乙姫さまのごちそうに
鯛《たい》や鮃《ひらめ》の舞踊り
ただ珍しくおもしろく
月日のたつのも夢のなか

（童謡「浦島太郎」）

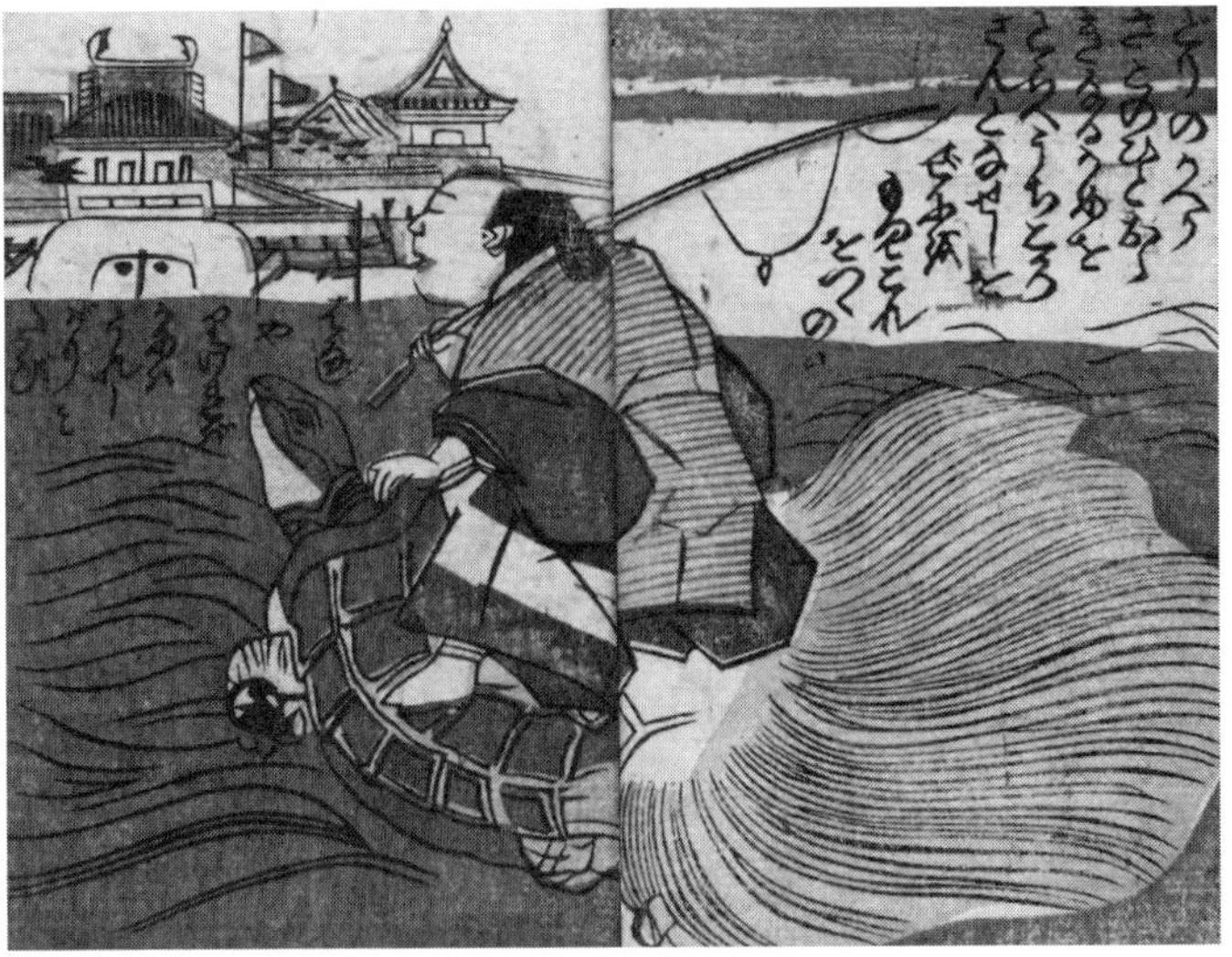

「浦島物がたり」の画（竹内栄久画『浦島物がたり』より）

　童謡や童話では、想像をたくましく竜宮城での楽しい日々を描く。しかし、『古事記』には、その類の記述はない。三年間、とあるだけ。童話は、中世の御《お》伽草子《とぎぞうし》から広まる。童謡は、明治の学校教育から広まる。その想像力・創作力は、あらためての喝采《かっさい》に値しよう。

　三年経って、山幸彦は、釣針を捜しに来た最初の目的を思い出した。そして、嘆き悔んだ。

　トヨタマビメは、その嘆きを察して、「何の由《ゆえ》ありや」、と父神にこぼした。

　父神ワタツミは、婿《むこ》どのに問うた。

「娘から聞いたところでは、三年坐《ま》せども、嘆かれることもなかったのに、今夜《こよい》は大きな嘆きをしたもうた、とか。

何ゆえのことなのでしょうか。
また、ここに来ませる理由はいかに、と問いましょうぞ」

そこで、山幸彦は、兄海幸彦から無くした釣針を戻せ、と責めたてられた経緯をつぶさに語ることになった。

それを聞いたワタツミは、さっそく海にいる大小の魚《うお》どもを呼び集めて、「針を取った魚《もの》はいるか」、と問いかけた。

すると、複数の魚どもが申し立てたことである。

「このごろ鯛が、喉にささったものがあり物が食えない、と憂いております」

そこで、その鯛（『古事記』では、赤海鯽魚）の喉を探ってみると、針があった。これを取りだし、洗って山幸彦に返す。そのとき、ワタツミは、兄海幸彦に釣針を返すときの呪法を授けた。「おぼ鉤《ち》、すす鉤《ち》、まじ鉤《ち》」、そう唱えて渡せ、と。それで兄を呪う、というか、兄の傲慢《ごうまん》さが直せるだろう、と教えたのである。その上で、なお足りなければ、と別の呪法も授けたのである。

「兄海幸彦が高地の水田をつくれば、汝命《いましみこと》は低地の水田をつくる。吾《あ》は、水を司《つかさど》る神だからわかりますが、汝命の兄は、三年間に水が不足して窮するでしょう。もし、その時に恨みを持って戦いを挑んでくるようなら、この塩盈珠《しおみつたま》か塩乾珠《しおふるたま》を出して活《い》かしください」

この塩盈珠・塩乾珠なるものがどんなものか、はわからない。文脈からして呪具であることは間違いないだろう。その表記からすると、それを用いて潮（水）の干満を自由に操ることができたのではあるまいか。

山幸彦は、ここから帰路につくのである。

それについても、ワタツミが助けた。

鮫《わに》たちを集めて、「この天津日高の御子が上つ国にお帰りになりたい、とおっしゃる。誰か、お送りしてくれないか」、と問うた。

一尋鮫《ひとひろわに》が受けて答えた。「一日もあれば、私がお送りして帰ってきます」、と。ワタツミは、「しからば、任せよう。ただし、くれぐれも粗相のないように、畏《かしこま》って行け」、と命じたことであった。

山幸彦は、陸上りした後に、すぐさま海幸彦に釣針を返した。海幸彦は、それから以後、しだいに貧しくなっていった。もはや、荒き心を起こして迫ってはこない。塩盈珠、塩乾珠の威力もあらたかであった。ここに、海幸彦は、頓首して謝った。

「これよりのちは、汝命《いましみこと》の昼夜の守護人《まもりびと》となり仕へ奉らん」と。兄弟の争いは、意外ともいえる結末と相なったのである。

豊玉毘売の出産

トヨタマビメは、懐妊していた。

しかし、気丈に自らが決断したことであった。

「出産の時期が近づいてきた。そこで思うに、天つ神の御子《みこ》は、海原で産むべからず、と。それゆえに、火遠理《ほおり》の命《みこと》様のお近くに参上いたします」

海上に出て、波限《なぎさ》に。そこに、鵜《う》の羽根を屋根に葺いた産殿《うぶや》（産屋）を造ることにした。ところが、まだ屋根を葺き終わらないところで急に産気づいて、産殿に入ることになった。

そこで、夫山幸彦に申したもうた。

「異郷にありましても出産の時になれば、それぞれが本国のかたちをもって産みたい、とするものです。私も本国のかたちで産みます。それをご覧になりませんよう、お願いいたします」

その言葉をあやしい、と思った山幸彦は、産殿を覗《のぞ》いた。トヨタマビメが八尋鮫《やひろわに》になって、這《は》ってうねりくねりしているではないか。驚き、畏《おそ》れた山幸彦は、逃げていった。

覗かれたことを知ったトヨタマビメは、「いと恥かし」、と嘆いた。そして、御子《みこ》を残して「海坂《うなさか》を塞いで」帰っていった。つまり、二度と来ぬ決意をもって綿津見《わたつみ》の宮に帰っていったのである。

これは、のちの世にも通じる禁忌習俗である。とくに、男性が出産を覗くことの禁忌《タブー》であった。

現代でこそ夫たる男性が妻の出産に立ち会うことが奇異ではなくなっている。しかし、古代から昭和前半のころまで、そのタブーは連綿と守り伝えられていたのである。

そのために、産屋《うぶや》（『古事記』では、産殿）が造られてもいた。現在は、文化財として、京都府の福知山や伊根などにその建物が残されている。東京都の大島にもその痕跡が残されている。いくつかの形式があるが、臨月になった妊婦がそこでひとりで暮らす。家や集落から隔離されて暮らす。といっても、昼間は母親や姉妹や近所の婦人たちがやってくる。ただし、夫をはじめ男たちは、そこには近寄れなかったのである。

これは、産神《うぶがみ》信仰とも関係する。出産を産神に委ねた聖なる恵み、としたのだ。だが、何よりも妊婦の健康を維持するための隔離であった。家事からも夫の世話からも解放された。それは、妊婦にとっては安気なことであった。医療制度が未発達な時代であったことであれば、そのことの意義が大きかった。

産殿での禁忌を破った山幸彦は、当然のことながらトヨタマビメに謝るすべも追うすべもなかったのである。

御子が生まれた。

それを名付けて、「天津日高日子波限建鵜葺草葺不合命《あまつひこひこなぎさたけうがやふきあえずのみこと》」とした。舌をかみそうな名前であり、よくみれば、ふきだしそうにもなる名前である。鵜の羽根で美しく屋根を葺くはずが、間に合わなかった産殿をそのまま読みこんでいるのである。

トヨタマビメとしては、気になるところであった。我が子恋しさが忍びがたくなることであった。妹タマヨリビメ（玉依毘売）に御子の養育を託すことにして、それを縁《ゆかり》に歌を詠んで山幸彦に送った。

赤玉は　緒《お》さえ光れど　白玉の　君が装《よそい》し　貴くありけり

それに、山幸彦が返歌した。

沖つ鳥　鴨どく島に　我《わ》が率寝《いね》し　妹《いも》は忘れじ　世のことごとに

鴨が寄りつく島で共寝した、あなたのことは生涯忘れない。などと、勝手といえば勝手、女々しいといえば女々しいことであった。

ものがたりは、ここで終わる。

後に、系譜が続く。そこでは、きわめて大事なことにさらりとふれている。

この天つ神の御子ウガヤフキアエズの命《みこと》（鵜葺草葺不合命、以下ウガヤフキアエズ）は、乳母であり叔母でもあるタマヨリビメを娶《めと》るのだ。近親婚に相違ないが、その是非は、ここでは問えない。

そこで生まれた御子たちは、四柱。イツセの命《みこと》（五瀬命、以下イツセ）、イナヒの命《みこと》（稲氷命）、ミケヌマの命《みこと》（御毛沼命）、そして、その末子が「若御毛沼命《わかみけぬのみこと》、またの名を豊御毛《とよみけ》沼命《ぬのみこと》、またの名を神倭伊波礼毘古命《かむやまといわれびこのみこと》」である。

カムヤマトイハレビコの命《みこと》（神倭伊波礼毘古命、以下イハレビコ）という名前に注目しよう。とくに、「神倭」を冠す。これは、天皇の神名にほかならない。

イハレビコ、すなわち、これが初代天皇の神武天皇となる。父は、ウガヤフキアエズ。祖父は、ホオリ。そして、大祖父は、天つ神ニニギ。まぎれもなく高天原《たかまがはら》から天降った位高き直系、と証しているのである。

そして、大祖父ニニギは、山を治める国つ神オオヤマツミの娘木花《このはな》のサクヤビメを娶る。そこで生まれた祖父ホオリは、海を治める国つ神ワタツミの娘トヨタマビメを娶る。それから一代を経て、イハレビコ、すなわち神武天皇。下世話にいうならば、大祖父が山の神と、祖父が海の神との仲を親密に結び、海山とも天つ神に集権したところでイハレビコが登場、その神名を神武天皇という名前にも転じているのである。

神の代より人の代に、まことによくできたものがたりである。

『古事記』の「上つ巻」は、ここで終わる。ただし、天つ神、その直系の天皇に集権されたのは、この段階では、出雲であり日向《ひむか》である。大倭《おおやまと》（大和）という国の平定は、なおときを待たなくてはならない。そこで、次の「中つ巻」が、神武天皇の倭《やまと》（この場合は、狭義な意味での大和）への東征からはじまるのである。

余話としての神武東征

ここでも、余話として、ことわることになる。

ホオリの命《みこと》（山幸彦）の旅ものがたりは、前項で終わった。が、その孫にあたるイハレビコが神武天皇となり、あらためて葦原《あしはら》の中津国を拡大して明確にした大倭《おおやまと》（現代でたとえれば、ほぼ西日本一帯となる）の統制をはかることになる。

そのために、日向《ひむか》から倭《やまと》（大和）へと旅に出る。ただの旅ではない。その途中での地場

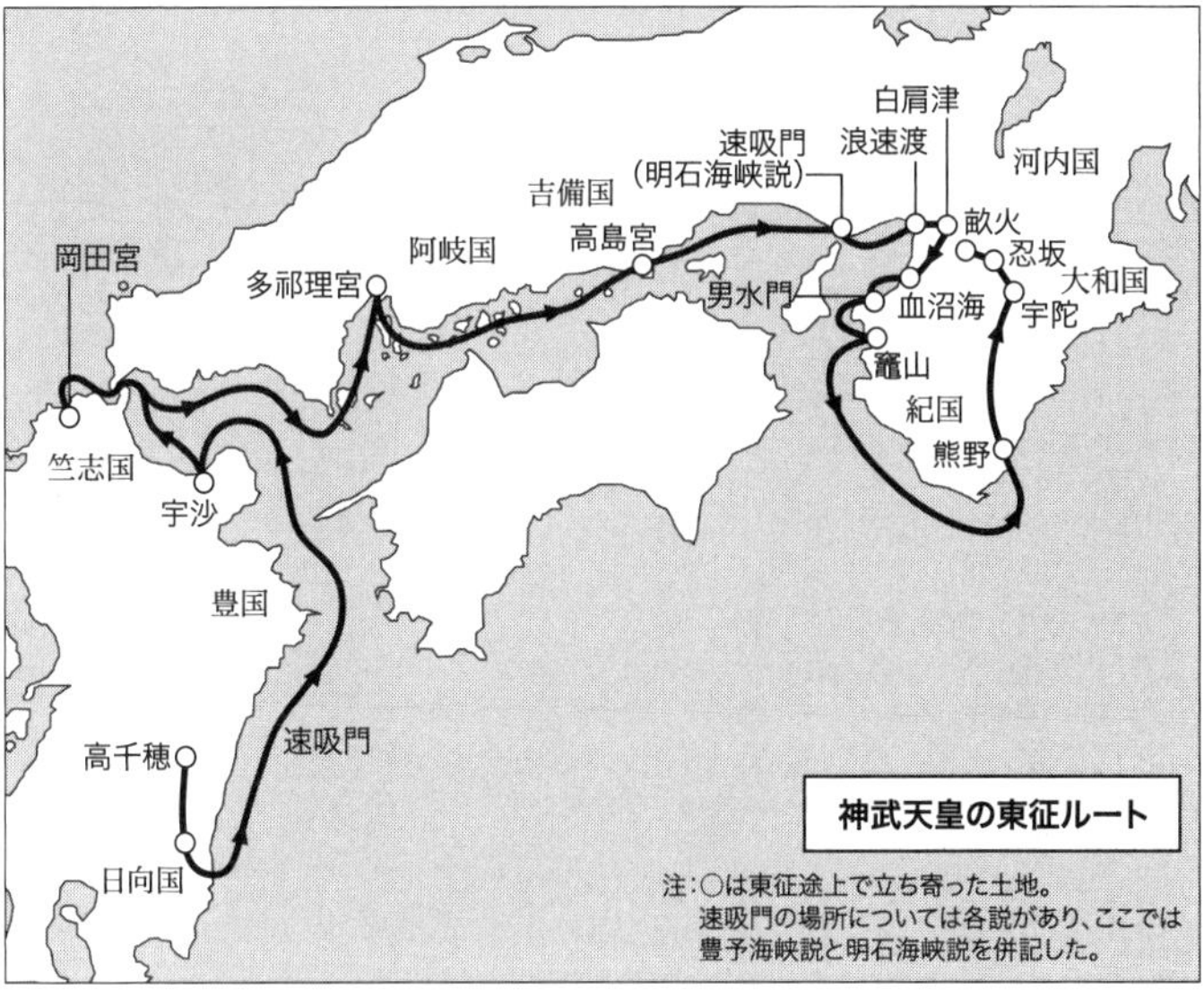

勢力を懐柔、ときに征圧もしながらの「東征」の旅である。

それを簡単に追跡して、余話としておこう。

『古事記』では、「中つ巻」につながる（ここでは、イハレビコはまだ天皇に即位していない）。

イハレビコは、兄弟（長男）であるイツセと高千穂宮にこもって諮《はか》ったことである。

「何処《いずこ》に坐《ま》さば、平らけく天《あめ》の下の政《まつりごと》を聞こしめさん」

「なお東へ行かむ」、と決議した。

早速、日向を発って筑紫《つくし》を目指すことにした。その途中、豊国《とよくに》の宇沙《うさ》（宇佐）に着いたときに、その土地のウサツヒコの命《みこと》（宇佐津彦命）とウサツヒメ（宇佐津比売）が宮処《みやどころ》をしつらえ、御饌《みあえ》を献ってくれた。

そこより移って筑紫の岡田宮《おかだのみや》で一年を過ごした。

さらに東上して、阿岐《あき》（安芸）の多祁理宮《たけりのみや》で七年を過ごした。

また、吉備の高島宮《たかしまのみや》には八年も坐《ま》した。

こうして各所に長くとどまることになる。ただ居心地がよいからではない。いやしくも「天《あめ》の下の政《まつりごと》」が旅の目的である。その土地土地の勢力者にその権威を知らしめ、それに従わせせんがためである。そのためには、相応の時間をかけなくてはならなかったのである。

そのことは、後章（第四章）であつかうヤマトヒメの命《みこと》（倭姫命）が大和を出てから伊賀・美濃・尾張を経て伊勢に向かう旅のあり方とも類似する。それは、天照大御神《あまてらすおおみかみ》の安く鎮まる宮処を求めての、大御神の御杖代《みつえしろ》（神器を奉戴しての、ある種神懸った分身）としての旅であった。なんと、それには、三四年も費やしているのである。古代の集権実現への旅は、戦《いくさ》ごとは少ない。あくまでも、合意を得んがための折衝であった。そこには、神を祀《まつ》っての祈禱もあったし、呪力をもっての宣言もあった。つまり、余人をもっては及ばない、そうした「超人間力」を示す必要があったのである。

なお、イハレビコが滞在したとされる筑紫の岡田宮・阿岐の多邪理宮・吉備の高島宮は、いずれも現存する神社には当てはまらない。不可思議でもあるが、それもありか、としておくしかあるまい。そのところでは、先にでてきた「豊国の宇沙」も、簡単に現在の宇佐八幡神宮と比定しない方がよいであろう。

吉備の高島宮を出たイハレビコは、亀の甲に乗《せ》って釣をしながら来る人に出会った。ということは、瀬戸内海を東上していたに相違ない。「汝《な》は誰ぞ」、と問うと、「僕《あ》は国つ神ぞ」と答えてきた。

「汝《な》は海路《うみじ》を知れりや」

「能《よ》く知れり」

「従《みもと》に仕へ奉《まつ》らんや」

「仕へ奉らん」

こうして、東上して浪速《なみはや》（難波）の渡《わたり》を経て白肩津《しらかたのつ》に着いた。この白肩津は、『日本書紀』では河内国とあるが、これも現在地を比定することはむつかしい。

ところが、この白肩津には、登美《とみ》のナガスネヒコ（那賀須泥毘古）が軍を興《おこ》して待ちかまえていた。戦うことになった。そのとき、同行していた兄イツセが、手に矢串を負うことになった。

ここで、はたと悟った。

「日の神の御子《みこ》として、日に向かって戦うことは良からず。ゆえに、痛手を負ひぬ。今よりは行き廻りて、背《そびら》に日を負いて撃たん」

『古事記』では、勝負がついた、とはいわない。が、ナガスネヒコは、二度と現われることがないので、それで決着したのであろう。

そこから南に廻って、血沼海《ちぬのうみ》を経て紀の国（紀伊国）の男《を》の水門《みなと》に到る。

さらに、そこから熊野に出た。

そのとき、大きな熊が姿を現わした。が、すぐさま消えた。その熊は、疫病神の化身だったのか。イハレビコは、心身がなえていくのを覚えた。従軍の者たちも、病んで臥《ふ》した。

熊野の高倉下《たかくらじ》（人名か役職名か）が一振の太刀《たち》（『古事記』では、横刀）を持ってきて、臥しているイハレビコに献上した。

イハレビコは、醒《さ》め起きた。「長く寝つるかも」。そして、その太刀を受取ったとき、熊野の荒ぶる神は、自決と同様のかたちで切り倒された。まことに霊験あらたかな太刀であった。高倉下にその太刀の由来をたずねた。

「私の夢で、天照大御神《あまてらすおおみかみ》と高木《たかぎ》の神《かみ》が現われたことです。建御雷《たけみかづち》の神を呼ばれて、葦原《あしはら》の中津国が騒々しいのは我が御子が平定できていないからだろう。建御雷の神を援軍に遣わそう、とのたもうたのです。ところが、建御雷の神が、僕《あ》が降りなくても、国を平らげ《げ》く横刀《たち》を降せばよろしかろう、と申されたことです。

その夢のお告げのままに、朝になって倉を見ましたら、まことに横刀がありました。それで、さっそくお届けに参ったしだいです」

高天原から高倉下を通じて、武器が援助されたのだ。武器というよりも、呪具といった方がよいかもしれない。「この刀の名は、佐士布都《さじふつ》の神と云い、又の名は甕布都《かめふつ》の神と云い、又の名を布都《ふつ》の御魂《みたま》と云う」、と『古事記』には注釈がついている。三柱の軍神に相当するほどの威力がある、ということだろう。

また、高天原のタカギの神（高木神＝高御産巣日神）は、こうも申された。

「天つ神の御子、これより奥つ方《かた》に入られるとか。そこには、荒ぶる神がいと多いことなり。これより、八咫烏《やたがらす》を遣はさん。その八咫烏が導く後を行《いで》ますべし」

その八咫烏とは、三本足の怪鳥とされる。八咫は、大きいという意味。熊野の神々に仕える鳥として、今日でも熊野本宮大社をはじめとする諸社の幕紋として扱われている。中国や朝鮮の故事にもでてくる、というが、ここでの関係は不明である。

その八咫烏の先導で吉野の山地に入り行く。

その途中所々で、国つ神々が迎える。『古事記』では、それぞれの神名の後に、「こは阿陀の鵜養の祖」「こは吉野首等の祖」「こは吉野国巣の祖」などとの注記がついている。

これは、大事な記述である。その土地土地に国つ神がいる。国つ神とはいえ、その地方の権力者である。のちの豪族に相当、とみてよい。それが、天つ神を迎えて名のる。そして、「今、天つ神の御子、幸《い》でましつと聞けり。故、参向《まいむか》へつるにこそ」（吉野国巣の祖、石押分《いしおしわく》の子）などと歓迎する。そこで、天つ神の御子のイハレビコは、その土地と一族の「祖《おや》」と認めるのだ。そして、倭《やまと》（大和）という大国の、いうなればひとつの自治国として認めるのだ。してみると、大倭のはじめは、「連合国家」というのがふさわしいだろう。

中央集権のための巡行。これを、古語では「国覓《くにま》ぎ」（国を巻き、治める）といった。

ところが、従順な国つ神ばかりではない。倭の宇陀《うだ》に、ウカシ（宇迦斯）兄弟がいた。八咫烏を遣わして、「天つ神の御子幸《い》でましつ。仕へ奉らんや」、と伝えたところ、兄のウカシは、弓矢で威嚇して射《い》返した。そこで、戦の準備をしているところに弟のウカシが参り来て、兄の謀略を告げた。

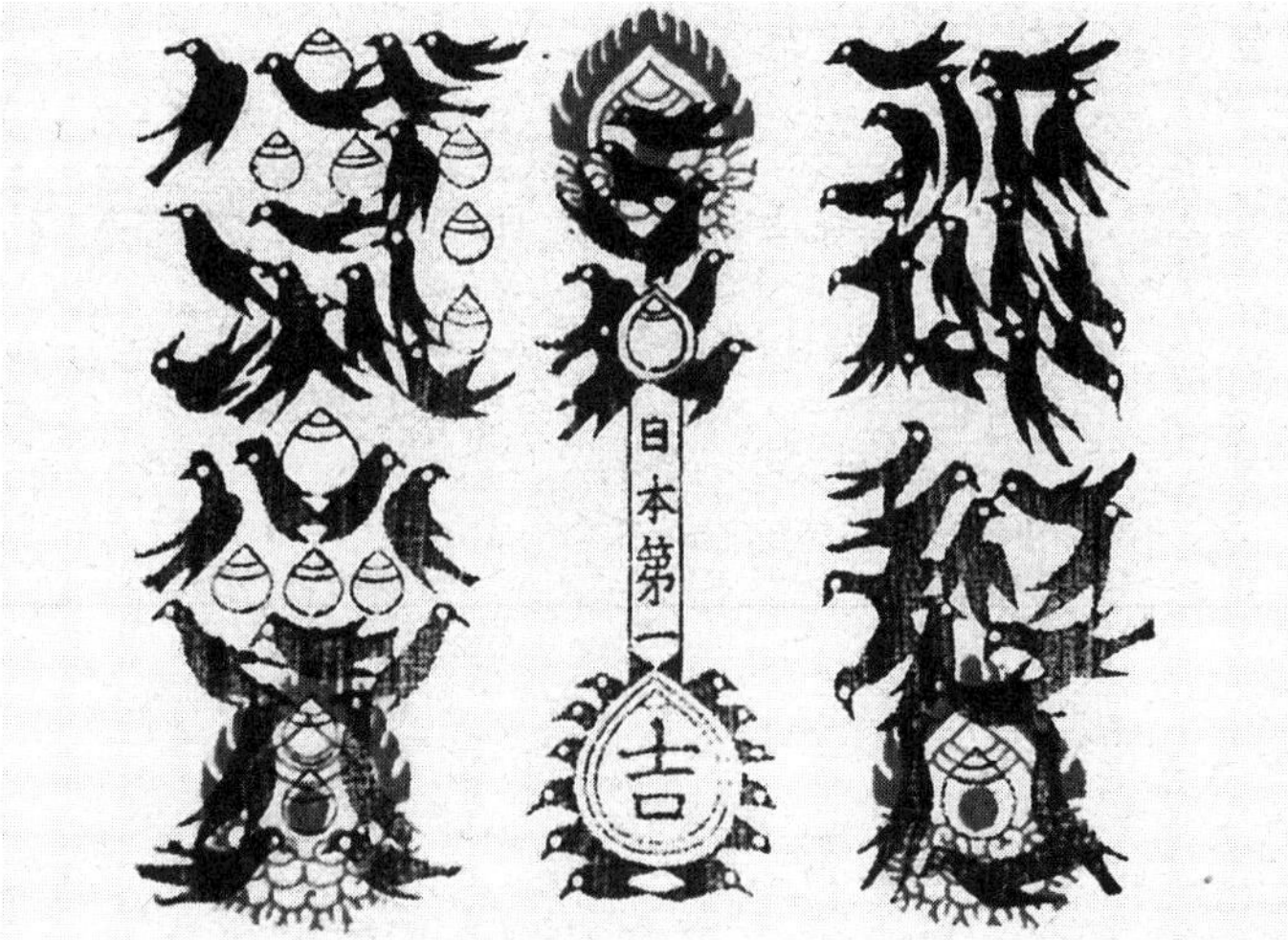

八咫烏（那智大社の牛王神符）

「兄の宇迦斯《うかし》が、天つ神の御子の遣いを射て返し、迎え撃とうとして兵を集めようとすれども、まだ集まらざりしが、ならばと大きな建物を造り、そのなかで仕掛けを用意、待機しております」

そこで、すでにイハレビコに従っている国つ神二人が兄のウカシを呼んで叱責。ウカシは、自らが企てた仕掛けのなかで死んでいった。

そのところを、宇陀《うだ》の血原という。兄を売った弟のウカシは、水取一族の祖となった。

ここでも、兄弟の仲がよくない。海幸彦と山幸彦もそうであった。後に出てくるヤマトタケルの命《みこと》（倭建命）は、兄オオウスの命《みこと》（大碓命）を殺害した。日本の神話には兄弟相剋《そうこく》の事例が多い。しかも、いずれも弟が権益を得ているのである。どうしたことだろうか。

弟ウカシが献じた品を並べた饗宴《きょうえん》で、イハレビコが詠った。

（前略）
前妻《こなみ》が　肴《な》を乞《こ》うならば
立そばの　実の少ないところを　こきしひえね
後妻《うわなり》が　肴を乞うならば
柃《いちさかき》の　身の多いところを　こきだひえね

宴たけなわのときのざれ歌。「こきしひえね」「こきだひえね」は、意味不詳。「少しだけやろう」「たくさんやろう」と訳しておこうか。それにつけても、前妻と後妻をここまで差別するとは。現代であれば、当然物議をかもすであろうが、『古事記』にはとがめる言葉はない。まさに、古事記ワールドである。

忍坂《おさか》（奈良県桜井市）では、道をふさぐツチグモノヤソタケル（土雲八十建）とトミビコ（登美毘古）を撃たざるをえなくなった。

そのとき、イハレビコは、歌を詠む。

そして、「歌を聞かば、一時共《もろとも》に斬れ」、と従者（久米の子）たちに命じた。

忍坂の　大きな室屋に
人が多勢　来ているぞ
人が多勢　集まっていても
みつみつし　久米《くめ》の子らが
頭椎《くぶつつい》　石椎《いしつつい》もち　撃ちてし止まむ　みつみつし　久米の子らが
頭椎　石椎もち　今撃って出るがよいぞ

「みつみつし」とは、意味不詳だが、久米の枕詞、との説もある。土着の久米の一族どもが、としておこう。また、頭椎・石椎は、石つぶてのような石の武器、としておこう。以下、三首が続く。そのうち、二首で「みつみつし久米の子ら」（久米一族の兵士）の奮闘を讃えている。そして、三首とも「撃ちてし止まむ」で歌詞を止めている。突撃命令、と読むことができる。相当に激しい戦いが続いた、とみるべきだろう。

しかし、兄師木《えしき》、弟師木《おとしき》（出自は不明）を撃ちとったときのイハレビコは、「御軍、暫し疲れき」。そして、ここでも歌を遺した。

楯並《たて》べて　伊那佐《いなさ》の山の　樹の間《ま》より
い行きまもらい　戦えば
吾《あ》はや飢《え》ぬ　島つ鳥
鵜飼が友　今助けに来い

「島つ鳥」とは、鵜の枕詞である。樹々の間を往き来して戦ったから、もう腹もペコペコ。鵜飼に長《た》けている友よ、早く来てくれ。とは、ひどく弱気となっている。こうしたところが、神から人へ移行する立場なるゆえんか。

ついに、倭（大和）に入る。ニギハヤヒの命《みこと》（邇芸速日命）が参りおもむいてきた。

「天つ神の御子天降りましつと聞けり。ゆえに、追いて参降りてまいりました」

高天原からの「天津瑞《あまつしるし》」を御子（イハレビコ）に献じるために待っていたのだ。その天津瑞とは、天皇たる徴証の品。『日本書紀』では、「天羽羽矢と歩靫」としている。日向から瀬戸内を東上、浪速（難波）に上陸してから熊野、吉野と進み倭へ。長い国覓ぎの旅であった。『古事記』では、最後に記す。

「かく荒ぶる神等《かみども》を言向《ことむ》け平和《やわ》し、伏《まつろ》はぬ人等《ひとども》を退《そ》け撥《はら》ひて、畝火《うねび》の白檮原《かしはら》宮に坐《ま》しまして、天《あめ》の下治《したし》らしめき」

畝傍《うねび》の橿原《かしはら》（奈良県橿原市）に皇居を造り、初代天皇に即位したのである。

なお、その皇居の伝承地に、橿原神宮が建立されたのは、明治二三（一八九〇）年のことであった。

第三章　吉備津彦の旅

『古事記』や『日本書紀』に載っている神話だけではない。そこに収録されていないまま、地方で埋もれた神話もあるだろう。また、そこに載っていても、それは一部分にすぎず、地方でさらに拡大して伝わる神話もあるだろう。

吉備（岡山県と広島県東部）における「吉備津彦の温羅《うら》退治」伝説もそうである。その成立と時代からすると、神話というよりも昔話というべきものがたりになる。しかし、『古事記』では「中つ巻」の孝霊天皇の項にその原話が載っており、神から人への移行期のものがたりである。吉備神話といっても、間違いとはいえないだろう。

キビツヒコの命《みこと》（『古事記』では大吉備津日子命、『日本書紀』では吉備津彦命、以下キビツヒコ）は、吉備津神社（岡山市と広島県福山市）や吉備津彦神社（岡山市）の主祭神として祀られている。備前・備中・備後のそれぞれの一の宮で祀《まつ》られているのだ。それだけにとどまらず、キビツヒコの分霊を祀る吉備津神社系の神社は、備中・備後に集中するものの瀬戸内全域から山陰や畿内にも及んでおり、その数は三〇九社にも及ぶ、という（『山陽放送学術文化財団リポート』22号）。

ということは、キビツヒコによって吉備が平定、「国固め」が成された、と広く伝えられているのである。ただ、記紀には詳しい記述がない。

そのキビツヒコは、在来の神（あるいは人）ではない。倭《やまと》（大和）の天皇から何らかの命《めい》を受け吉備へ軍事遠征をしたのだ。そして、その没後、英雄としてそこに祀られたのだ。しかし、吉備を制圧したのではない。吉備の難事を助けたからこそ、そこに祀られたのである。

キビツヒコが戦いをいどみ制圧したのは、海を隔てた遠国から飛来して吉備に居つき乱暴狼藉《ろうぜき》をはたらいた猛者《もさ》の温羅《うら》である。その温羅も、キビツヒコに敗れて改悛《かいしゅん》したその後はそこに祀られたのだ。「吉備津彦の温羅退治」とは、いうならば吉備を舞台とした他処《よそ》者同士の戦闘ものがたりなのである。

それが、のちに吉備の「国ものがたり」として文章化されていく。その種の文献が、明らかなところで五種ある。まず、「鬼城縁起」。文末に延長元（九二三）年の添記があるが、これは信じるに足りない。中山薫『温羅伝説―史料を読み解く』では、荘園名などから室町時代に成立した可能性が高い、と断定する。ここでも、それにならうが、それにしてもいちばん古い記録である。以下、安土・桃山期の「吉備津宮勧進帳」、江戸初期の「備中吉備津宮縁起」、江戸後期の「備中国大吉備津宮略記」、幕末の「吉備津宮縁起」である。

そもそも、「縁起」なる文献や絵巻物が盛んにつくられるようになるのは、平安末期から室町前期にかけてのことである。残存例が明らかでよく知られるところでは、「信貴山《しぎさん》縁起絵巻」（平安末期）、「北野天神縁起」・「春日権現験記《かすがごんげんげんき》」（鎌倉時代）、「石山寺《いしやまでら》縁起」（南北朝時代）などがある。そのほとんどは、寺社の成立について示したものである。

ここでは、さほどに古いものではないが、文化・文政期（一九世紀前期）に備中の吉備津神社の神官である賀陽為徳《かやためのり》が著した「備中国大吉備津宮略記」を重用することにする。それは、ひとつには、それまでの文献をなぞってのことであろうが、ものがたりの筋立てが整理されていることにある。また、もうひとつには、現在も備中地方の人びとになじまれている神楽《かぐら》の「吉備津」にそれが反映されている、と思えるからである。

備中神楽には、その発生が異なる二系統の神楽が併存する。

古いのは、榊舞《さかき》（清めの舞）・白蓋《びやっかい》神事（降神行事）・託宣《たくせん》神事（神懸っての予言）・五行神楽（陰陽五行を問答で説く）など、神事系の神楽で、主に素面《ひためん》で演じる。その地方で集落が開けた中世のころから演じられてきた、とみてよかろう。

一方に、近世系の神能《しんのう》がある。神能とは、神代《じんだい》神楽ともいう。神話を題材として演劇化した神楽で、当然ながら能の影響が大きい。たとえば、仮面《めん》を用いて神格を表現するのがそうである。オオクニヌシの命《みこと》（大国主命）が主役の「国譲り」、スサノヲの命《みこと》（素佐之男命）が主役の「大蛇《おろち》退治」が代表的な演目である。

備中地方におけるこれらの神能（神代神楽）は、文化・文政期に国学者の西林国橋《こっきょう》が創った、と伝わる。国橋の書いた文書は、ほとんど残っていないが、その教えを受けた弟子たちの系譜が明らかなので、創始者としての地位は疑う余地がないところだ。

その西林国橋がはじめた神楽のなかに、「吉備津」も加わる。「国譲り」や「大蛇退治」などの構成とは少し違うところがあるが、近世系の神能のひとつ、と位置づけてよかろう。

そして、そこには、キビツヒコに対抗しての温羅が登場する。その温羅であるが、前記の「鬼城縁起」「吉備津宮勧進帳」「吉備津宮縁起」には出てこないのだ。賀陽為徳の「備中国大吉備津宮略記」が初出である。ということで、西林国橋は、これを原作として脚色したのではなかろうか、と推測もしてみるのだ。さらにうがってみるならば、西林国橋も社家筋にある。ほぼ同時代の賀陽為徳の存在を知らなかったはずもなかろうに、とも思えるのである。

ともあれ、以下は、主として中山薫解読の「備中国大吉備津宮略記」（以下、「略記」）を参考に、備中神楽「吉備津」（以下、「神楽」）にしたがってものがたりを進めていくことにする。

吉備津彦の西征は武力制圧にあらず

キビツヒコとは、とくに備中人が便利につかってきた略称である。

『古事記』では、ヒコイサセリビコの命《みこと》（比古伊佐勢理毘古命）であり、またの名をオオキビツヒコの命《みこと》（大吉備津日子命、以下キビツヒコ）とある。孝霊天皇（大倭根子日子賦斗邇《おおやまとねこひこふとにの》命《みこと》）の御子《みこ》八柱（皇子三柱）の内の一人である。ちなみに、『日本書紀』の「孝霊紀」ではヒコイサセリヒコの命《みこと》（彦五十狭芹彦命）とあり、「崇神紀」ではイサセリヒコの命《みこと》（五十狭芹彦命）とある。なお、吉備津彦という表記は、後々に通例化して久しい。ここでも、見出しの表記では、これにならっている。

『古事記』にいう。

「大吉備津日子命《おおきびつひこのみこと》と若建吉備津日子命《わかたけきびつひこのみこと》の二柱が協力して、針間《はりま》（播磨）の氷河《ひかわ》の先に忌瓮《いわいべ》を居《す》ゑて、針間を道の口として吉備国を言向け和《やわ》したまひき」

ここにでてくるワカタケキビツヒコの命《みこと》（若建吉備津日子命）は、キビツヒコの異母兄弟、弟である。その二人が吉備を目指して旅に出た。キビツヒコたちは、播磨の国に入ったところで、ここを「吉備の道口《みちくち》」と定め、忌瓮《いわいべ》（斎瓦＝素焼土器の祭具）を置いて神事を執り行なった、というのだ。しかし、吉備国に入ったという記事はない。まして、吉備を平定するために荒ぶる神と戦ったという記事もないのだ。「吉備国を言向け和したまいき」という一文ですませているのである。

話がまた脇にそれるが、「忌瓮」を置いての神事にこだわっておきたい。

ここでいう忌瓮は、呪術的な祭具で、いわゆる祭祀《さいし》用具のひとつ。それを祀り、あるいは用いて祈禱《きとう》した、と想定できるのだ。

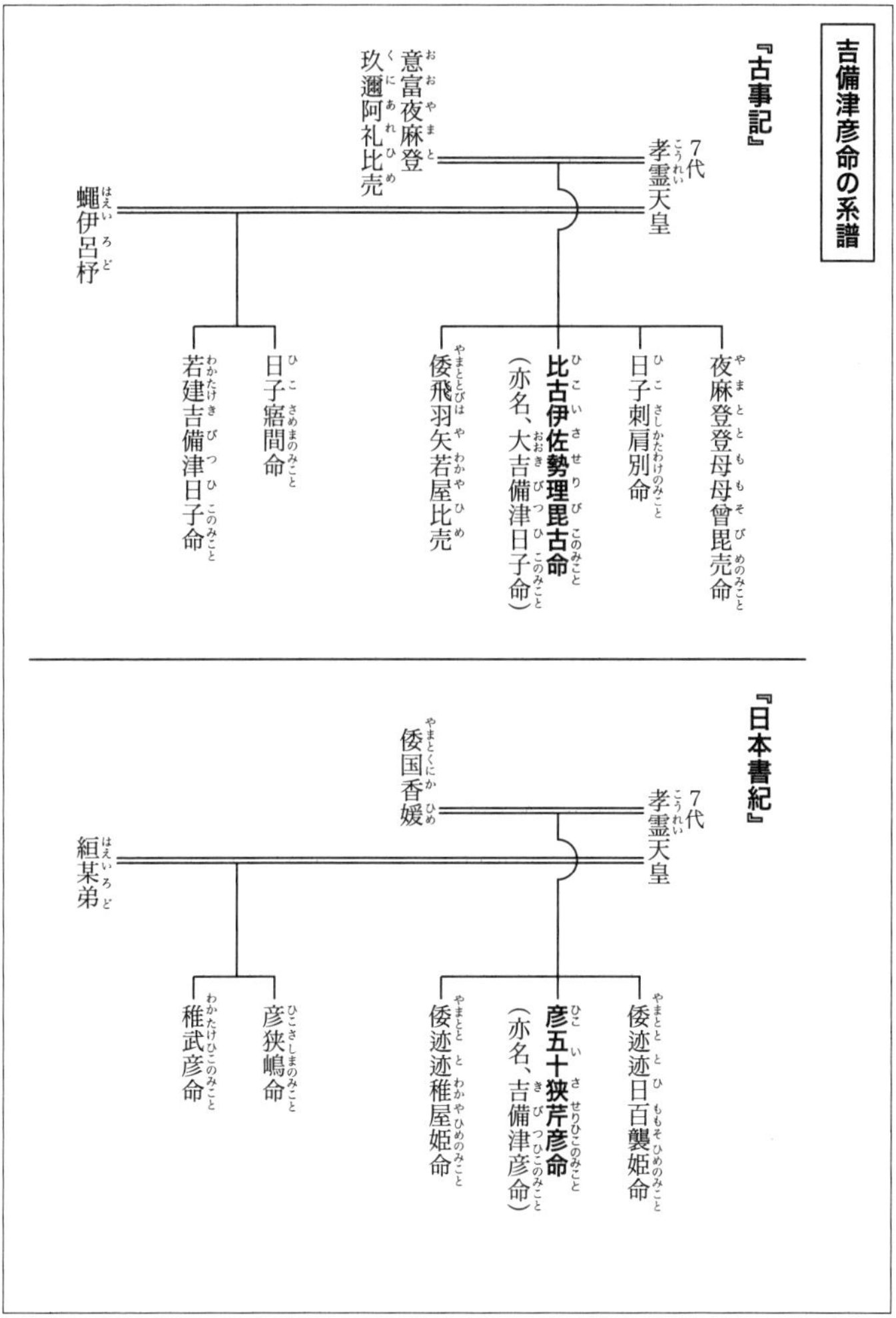
吉備津彦命の系譜
『古事記』
7代
孝霊《こうれい》天皇
意富夜麻登《おおやまと》玖邇阿礼比売《くにあれひめ》
蠅伊呂杼《はえいろど》
夜麻登登母母曾毘売命《やまととももそびめのみこと》
日子刺肩別命《ひこさしかたわけのみこと》
比古伊佐勢理毘古命《ひこいさせりびこのみこと》
（亦名、大吉備津日子命《おおきびつひこのみこと》）
倭飛羽矢若屋比売《やまととびはやわかやひめ》
日子寤間命《ひこさめまのみこと》
若建吉備津日子命《わかたけきびつひこのみこと》
『日本書紀』
7代
孝霊《こうれい》天皇
倭国香媛《やまとくにかひめ》
絙某弟《はえいろど》
倭迹迹日百襲姫命《やまとととひももそひめのみこと》
彦五十狭芹彦命《ひこいさせりひこのみこと》
（亦名、吉備津彦命《きびつひこのみこと》）
倭迹迹稚屋姫命《やまとととわかやひめのみこと》
彦狭嶋命《ひこさしまのみこと》
稚武彦命《わかたけひこのみこと》

『万葉集』は、『古事記』の編纂《へんさん》後七、八〇年過ぎて成立しているが、そのなかに忌瓮が何首か詠われているのである。

草まくら旅行く君を幸《さき》くあれと、斎瓮据《いはいへす》ゑつ吾《あ》が床《とこ》の辺《へ》に（巻一七―三九二七）

それは、旅に出る者の無事を祈念して行なうものであった。古く、旅とは、生きて帰れないかもしれない、と誰もが共有した覚悟というものであった。

陰膳《かげぜん》に相当する、とみることもできる。陰膳は、出陣をした武家の留守宅での習俗として中世のころまで伝えられた形跡がある。それが、太平の近世で途絶えたが、近代でまたみられるようにもなった。日清・日露戦にはじまり第二次世界大戦まで、出征した軍人の留守宅でも同様に陰膳をすえて無事を祈ったものだ。


キビツヒコは、吉備の入り口で、何を祈願したのであろうか。

『日本書紀』では、キビツヒコを四道将軍のひとりとして、吉備を含む「西道」の平定に派遣した、とある（崇神紀）。しかし、そこでも戦闘をうかがわせる記事はない。また、キビツヒコが吉備を平定したとしても、その後吉備に土着したことをものがたる史料はまったくないのである。

「言向け和す」、というのは、少なくとも武力制圧ではない。古語に、「国覓《くにま》ぎ」という言葉がある。その土地の権力者と折衝して和らげ、国々を巻いて治めていく意味にほかならない。次章のヤマトヒメ（倭姫）の旅は、まさしく国覓ぎの旅であった。キビツヒコの場合も、それと同じように協定、あるいは同盟を結ぶ外交が任務とみるのが妥当ではあるまいか。

もっとも、吉備の側の伝承によると、外界《よそ》からやってきた温羅《うら》を武力制圧したので、それをもって吉備を平定した、ということにもなる。そのところで、キビツヒコは、吉備側の英雄なのである。また、そのところで、キビツヒコの西征は、後章のヤマトタケル（倭建）の西征とは大きく違っているのである。

それを、後に吉備でつくられる「縁起」の類がより明らかにしてゆく。たとえば、播磨まで出向いてきているキビツヒコに使者を出してあらためて出向を要請、と具体化していくのだ。倭《やまと》（大和）からの西征とはしない。あくまでも、吉備の首長たちに主体性がある、とするのだ。

「ものがたり」は、それが史実ではないまでも、吉備に伝わる口碑の類を基につくられた、とみるのがよいだろう。まるっきり創作、ということはない。

「略記」には、百済《くだら》の王で温羅という者が一族を引き連れてやってきた、とある。ここで、文献上ではじめて温羅という名前がでてくる。しかも、百済の王という。その根拠は、わからない。それまでは、剛伽夜叉《ごうきややしや》（「鬼城縁起」）、異国の鬼神（「吉備津宮勧進帳」）、白斎国皇帝で吉備津冠者《かしゃ》（「備中吉備津宮縁起」）がやってきた、とある。それは、キビツヒコを主役とすれば、敵役の準主役。なぜ、こうも名前の伝承が違うのか。と、問うても詮ないことである。

ここでは、キビツヒコの敵役を温羅とする。

温羅は、文献での読み方は、ウラである。しかし、備中地方の人たちの多くは、これをウンラと呼ぶ。しかも、ある種親しみをもって、ウンラと呼ぶのである。なぜに備中人は、遠国から飛来してきてその土地で乱暴狼藉をはたらいた温羅に親しみを覚えるのか。という疑問は、終段で解かれるであろう。

温羅は、吉備の国では賀陽《かよう》の郡《ごう》の岩山に城を築いてたてこもった、という。そのたてこもった山も、文書によって違いがあるが、ここは温羅の山城としておこう。なお、現在にも「鬼《き》ノ城《じょう》」なるそれらしき山が総社市に存在するが、その関係は後述することにする。

その山城に、鬼（配下）を集めた。

瀬戸内を往来する船の積荷を略奪して財をなし、山麓を往来する娘たちを誘拐して淫楽《いんらく》にふけっていた。

温羅のみならず、古代吉備という国は、他国の為政者にとっては魅力ある土地であっただろう。できうれば、我が統治下におきたい、と思うほどに豊かな土地であっただろう。それは、折につけ倭からの干渉があったことからも想像がたやすい。

たとえば、屯倉《みやけ》がここに造られている。六世紀半ば、のころである。一般には「大和政権の直轄領から収穫した稲米を蓄積する倉」（『広辞苑』第六版）、と解釈されている。しかし、その他に倭と吉備の関係を立証できる遺跡や遺物は出てこない。また、文献でも明らかでない。倭が吉備を吸収しようとしていたのは、そのとおりであろうが、屯倉らしき跡があるからといって、その一事をもっては直轄領とはいえないのである。

古代吉備がまぎれもなく栄えていたと推測できるのは、四～六世紀である。

ここには、すでに稲作が定着していた。百間川《ひやつけん》遺跡（弥生時代、岡山市）の規模や出土品などからして、そのことは明らかである。

また、内海でもとくに立地のよい港をもっていた。現在にもその地名が伝わる「津」である。吉備津神社よりさらに南の海岸がそれで、水道をはさんで児島《こじま》があった。後年は、埋め立てられての児島半島だが、古くは、その名のとおりの島であった。津と島の間の水道が風も波もしのげる良港だったのである。そのころ、瀬戸内や北九州の港々との往き来だけでなく、韓《から》との交易も盛んであった。それは、金製の装身具や鉄製の馬具などの出土品が数多いことからも明らかである。

タタラ製鉄（砂鉄からの製鉄）は、まだ発達をみていなかった（それが盛んになるのは、七世紀中ごろ）。が、韓から入ってくる鉄材料を用いての鍛冶《かじ》は、他の地方に先がけて行なわれていた形跡がある。

その豊かな吉備を治めたのが、ササモリヒコの命《みこと》（楽々杜彦命）やトメタマの臣《おみ》（留霊臣）らの司《つかさ》や長《おさ》たちである（「備中国大吉備津宮略記」による）。

ひとりに限ることはない。各地それぞれに、大小の司や長たちがいた。のちにいうところの豪族たちがいた、とみるのがよい。それは、この地には、とくに平野部には、大小多数の古墳跡が残存していることからも想定できる。最大の古墳が造山《つくりやま》古墳（全長三五〇メートル、岡山市）、次に大きいのが作山《つくりやま》古墳（全長二八二メートル、総社《そうじゃ》市）で、これは全国でみても四位、一〇位に相応する。そのほか、古代吉備の中心地とされる総社市（岡山県）だけでも明らかになっているところで約一九〇〇基もの古墳があるのだ。

もっとも、古墳が多いのは四～五世紀にかけてのこと。吉備では、六世紀半ばに姿を消す。しかし、それで古代吉備の国の勢力が衰退したわけではない。古墳そのものが、畿内でも出雲でも同時代に後退しているのである。

倭の中央勢力に吸収統合されるのも、さらに後のこと、とみる。大宝律令（七〇一年）をもって吉備の国名も消え、備前（のちに、美作《みまさか》と二分）・備中・備後の三国に分割されるのである。

それまでの吉備は、これといった抗争のないところであった。「〝首長同盟〟〝首長連合〟といいかえてもよい」「単一の王家とその王統だけで君臨した形跡を示していないからである」（門脇禎二《かどわきていじ》『吉備の古代史』）。そのとおりであろう、と門脇説を支持したい。

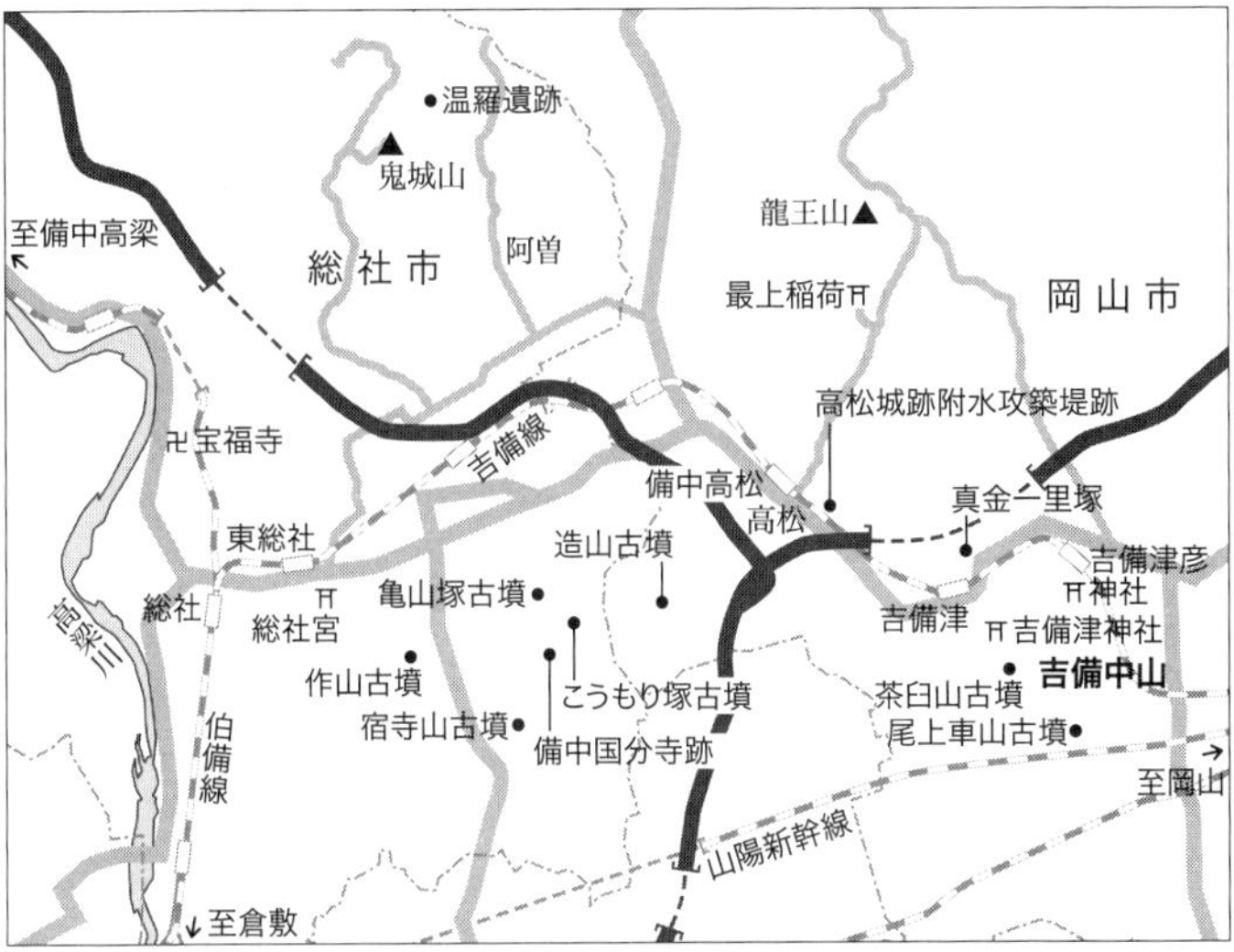

吉備中山と古墳群を中心にした地図

倭とも競うことなく、共存の道をはかっていた。もちろん、吉備から出た官人（弓削《ゆげ》部虚空《べのおおぞら》）の天皇への反乱と天皇（雄略天皇）の制裁とか、任那《みまな》の国司に任ぜられている間に妻稚姫《わかひめ》を召し出された上道《かみつみち》臣田狭《たさ》の乱などがある。しかし、それは小競りあいにすぎず、倭と吉備の対立にまでは展開していない、とみる。とくに吉備の肩をもつわけではないが、そのことを重ねてことわっておきたい。

　その吉備は、「ものがたり」にしろ、温羅がその利益をねらって飛来してくるほどに豊かな土地であったのだ。

　さて、温羅の侵略に手を焼いた吉備の国の首長たちは、相諮《はか》った。四道将軍として播磨まで下向していたキビツヒコに、あらためて温羅討伐を懇願することになった。吉備から倭への救済要請、とみられがちでもあるが、播磨まで赴いているキビツヒコに、司や長たちがついでながらと願い出た、としておこうか。

岩山明神と内宮姫

備中神楽「吉備津」で登場するのは、岩山明神である。吉備の国の国づくりの神と名のる。

能にも「吉備津宮」がある。「神楽」より少し古い江戸時代初期に編じられた、とされるが、そこで、キビツヒコと冠者《かしゃ》（温羅《うら》）の戦いを語るシテ役は「岩山の神」である。なお、この能は、幻の能といわれたごとくに長く演じられることがなかった。それが、近年（平成二八＝二〇一六年）、林能楽会（代表、十三世林喜右衛門）によって復演された。そこで、あらためて謡曲（能台本）が一般の目にふれることになった。

「神楽」の岩山明神（吉備を司る主、と設定）は、翁面をつけて登場する。

「そも舞い出《いだ》すそれがしは、岩山明神にて候《そうろう》。我、吉備の国を拝領なし、吉備の中山に宮造りをいたし、国土を守護するところ、これより西北は新山《にいやま》に冠者温羅《かしゃうんら》たて籠り、万民を悩ますに、それがしの自力で防ぐには叶わまじきにより、人皇《じんのう》第七代、孝霊天皇の第二の皇子五十狭芹彦《いそさせりひこ》の命《みこと》は征夷大将軍《せいいたいしょうぐん》と承り、この神の神力により冠者温羅やすやすと退治なさばやと存じ候」

キビツヒコは、吉備の片山に、次に中山に陣を敷いて、従臣を集めた。「略記」には、十数人に及ぶその名前が連ねられているが、ここでは割愛する。

キビツヒコは、従臣たちに諮《はか》った。「如何なる方法で攻撃したら、鬼どもは、降伏して従うであろうか」、と。兵糧攻めの意見が大勢を占めた。ならば、食糧に窮した温羅一統が海上に逃亡をはかるに違いない、とキビツヒコは、海岸線に軍兵を配備した。

斥候《せっこう》の偵察によって、怪奇な逃亡者が出ているものの、温羅たちの勢力にさほどの陰りがみえないことがわかった。キビツヒコは、攻撃するかどうかの判断に迷っていた。

そのとき、不思議な人物が現われた。「温羅と戦うのであれば、温羅が隠れている岩屋の城が眺望できる東方の丘に陣をおきなさい」、と言った。そして、自らは吉備の中山の主である、と名のり、煙のごとく消え去ってしまった。「略記」では、そういう。

これは、神託といってもよいだろう。

「神楽」では、岩山明神の皇女内宮姫《ないぐうひめ》がその役を担う。

「そも舞い出《いだ》す自らは、当国の主宰岩山明神の皇女、内宮姫とはそも自らがことにて候」

白い千早《ちばや》（上衣）に緋《ひ》の袴《はかま》、姫の仮面《めん》をつけ箱烏帽子《えぼし》をかぶる。幕の内で、その言いてをした後、軽やかに舞い出す。

右手に扇《おうぎ》、左手に弓と矢を持つ。

そこに、武装姿のキビツヒコが登場、姫に声をかける。


「そもそれに舞い降りたまうは、内宮姫と見受け申してあり」

「御声《おんこえ》かけたまうは、五十狭芹彦《いそさせりひこ》の命《みこと》にましますかな」

「いかにも。御姫《おんひめ》は我《わ》が軍の神になりたち、軍略をはかりたまえやの」

「さん候。このたびの戦陣は、謀事《はかりごと》なくては相叶うまじ。よって、真鉄《まがね》の御弓《みゆみ》、真鉄の御《み》矢《や》を捧《ささ》げたてまつらん」


ここで、内宮姫は、キビツヒコをイソサセリヒコの命《みこと》（五十狭芹彦命）と呼ぶ。キビツヒコの別名としてよいが、これは『日本書紀』に出てくる名前である。『古事記』でのヒコイサセリビコの命《みこと》がこれに相当する。

また、能の謡曲「吉備津宮」では、イサセリヒコとでてくる。

「神楽」では、内宮姫がキビツヒコに真鉄《まがね》の弓と矢を授ける。そして、謀事《はかりごと》を教える。

「しかれども、ただ一筋にては相叶うまじ。二筋持って射《い》たもうときは、一筋の矢は温羅の矢と食い合いて落ち申さん。（中略）なれども、もう一筋の矢は、温羅にまさしく的中せん。温羅変化《へんげ》て鯉となれば、御命《おんみこと》は鵜《う》となり、鷹《たか》となれば鵬《おおとり》となりたもうて、此の神秘なる神通力をもってかの温羅やすやすと退治たまえやの」

神楽「吉備津」――内宮姫が吉備津彦に弓矢を渡し、戦略を説く

内宮姫が出てくるのは、「神楽」だけである。

「鬼城縁起」では、住吉神《すみよしのかみ》が牧童に姿を変えて現われた、とする。そして、矢の使い方の謀事《はかりごと》を教えた、とある。「備中吉備津宮縁起」・「吉備津宮縁起」では、そうした戦術はキビツヒコ自身が思いついたとする。

神楽「吉備津」における西林国橋の創作、といわなくてはならない。しかし、よくできた話である。というのは、吉備津宮の縁起にまつわる文献類のいずれもが、記紀から離れて、創作や改竄《かいざん》を加えて脚色されたもの、とみるべきとはすでに述べたところだ。ならば、住吉神の神託はともかくとして、キビツヒコが自身で戦略を考案した、としたのがいかなる意味をもつか、だ。キビツヒコを英雄化する作意のなかで超能力まで付加した、とみることができるのではないか。男性上位の作意、といってもよい。神話伝承とは、ままそんなものであろう。

ただ、古代を時代背景とした場合、一般の男たちよりも、ある種の感性をもった女たちの方が神懸っての託宣《たくせん》を告げるのに適任とされていた。いわゆる巫女《みこ》、その地位が高かったのだ。そのことについては、前章でもふれたところである。

そのところで、「神楽」の構成は、よくできている、といえるのだ。短い出番ではあるが、内宮姫をしてその役割を担わせているのである。

吉備津彦と温羅の戦い

「神楽」でのキビツヒコは、武技を練らんとして勇壮な剣の舞を演じる。そして、歌ぐらを一首、声高に詠じる。

風嵐《かぜあらし》　音は激しく聞こゆらん　いまこそ温羅《うんら》が来たるらんかや

神楽「吉備津」——吉備津彦と温羅の血吸川をはさんでの合戦

やがて、幕の内に温羅《うら》が出る。

黒のシャグマ（頭髪）に鬼の面。袖長の白衣に、黒の鎧《よろい》を着け、裁《た》っ着《つ》け袴《ばかま》で赤い脚絆《きゃはん》。左手にスモット（サイトリともオニヅエともいう棒状の幣《みてぐら》。こうした場合は、武器になる）、右手に扇子を持つ。

「おーのーれ」、という大声を発する温羅と、小幕をはさんでしばらく対峙《たいじ》。キビツヒコは、一時隠れて、温羅の一人舞となる。

腰を下ろして足を踏み出す鬼舞（荒舞とも）の型で舞い出し、約五分ほどひととおり鬼気迫る舞をした後、座りこんで休む。

そこへ、スモットを手にしたキビツヒコが現われ、温羅に忍び寄って、戦《いくさ》をしかける。スモットを互いに振り上げ、激しい大立ち廻りの合戦になる。これも約五分間、双方が死力を尽くした、と誰もがみる。

スモットをキビツヒコにとられた温羅は、岩屋に逃げこんで隠れる。この場面では、幕を正面中央へ寄せて岩屋に見立て、神殿《こうどの》（舞台）へ斜めに張り渡した白木綿一反を血吸川《ちすいがわ》に見立てる。

キビツヒコは、温羅を捜して、川に沿うて上下、探りをかける。

備中神楽では、こうした舞を太鼓が囃《はや》す。細い撥《ばち》を用いての横打ちの太鼓で、備中・備後地方では共通するが、他地方ではあまりみられない。しかも、備中神楽では、旧来は笛を用いない（近年は、笛を入れることもでてきた）。太鼓の緩急のリズムが、舞の良し悪しを左右することにもなるのだ。

とくに、ここでは、他の演目とは違い、キビツヒコと温羅が一対一で延々と競うのである。太鼓囃しの精度がより求められることになり、それを熟練した太夫《たゆう》が担当することになる。さらに、両者とも威嚇の大声は発するものの、台詞《せりふ》を語る余力はない。そこで、太鼓叩きが囃しながら、ものがたりの進行をも担うことになるのである。

「温羅が隠れた。どこへ行ったか姿が見えない。これは、血吸川という川の流れであるぞや。温羅は川へ潜って鯉になったぞ。油断めさるな。よいとそりゃ、よいそりゃ、よいそりゃよいそりゃ……。

血吸川をば上がりて下りて、温羅は鯉となり給《たも》う。命《みこと》は鵜《う》となり給いて、追いつ追われつする、姿であるぞや。よいとそりゃ、よそりゃ、よいそりゃよいそりゃ……。温羅は岩屋へ急ぎ給うて隠れたけれども、命もあとをば追い行きたもうて、探れど探れど姿は見えない。たしかにここであろうと、弓を張れども手ごたえないぞや」

やがて、互いに矢を放ち合う。俗にいう、矢食いの場を数分かけて演じるのである。キビツヒコの二の矢の一本で温羅は右目を射られた。そこで、川は赤く染まった、とする。

血吸川に隠れていた温羅が姿を現わし、その結果、血吸川（布）はなくなる。次に、ともに弓を捨てて組み合う。「おーのーれ」「おーのーれ」、と唸《うな》り声を掛け合いながら組み合って廻る。

再び、両者分かれて刀を抜き合い、刀を振り合っての合戦となる。この間は、約三分。しばらくして、キビツヒコは岩屋へ隠れる。温羅は、恐怖におびえながら、三方を切ったり太鼓に切りかかったりしてキビツヒコを捜す。そのとき、太鼓の囃し言葉は、次のとおり。

「なんぼ捜せど、命《みこと》は見えない。油断召さるな。おっとどっこい。それは見物人であるぞや。そいつは太鼓じゃ。命は隠れた。よいとそりゃ、よいそりゃ、よいそりゃそりゃ」

やがて、温羅は、疲れきって腰を下ろす。手、肩、足、腰をなでまわして、どこにも異常のないことを確かめる。また、太鼓が、それにあわせて声をかける。

「どこも怪我はないかと、さわってみるけど、怪我はないぞや。刀の刃はこぼれてはいないか。こぼれていなければ、まずは安心。刀をはずそうとすれども、手があぐんで刀がとれない。指を一本一本はずしていかなきゃ刀をとれんぞ。刀もはずせた、まずは安心。独り舞台ぞ、よいとそりゃ、よいそりゃ、よいそりゃよいそりゃ……」

温羅は、安心してつぶやく。

「まずまずは、くつろいだ。神国を打ち破り、魔国にしてやったり。やれうれしやのう」

温羅は、気の緩《ゆる》みで、こっくりこっくりと居眠りをはじめる。再び、忍び寄ったキビツヒコが、後ろから温羅の頭に切りつける。温羅は、驚いて頭に手をやり、四方をうかがう。それを、また太鼓が、囃しながら説明する。

「何やら頭に触ったぞ。調べてみなけりゃ、安心できんぞ。やれやれ、何でもなかった。疲れておるので、気がはやっていた。疲れたときには、按摩がいいぞや、よいとそりゃ、よいそりゃ……」

キビツヒコが、再び切りつける。温羅は、あわてふためき刀を逆手《さかて》に持って飛び廻り、滅茶苦茶に空《くう》を切りつける。やがて、キビツヒコがそれを受けて、切り合いになる。約三分間合戦のあと、温羅はキビツヒコに刀を取りあげられてねじ伏せられる。そして、キビツヒコに抗弁があれば聞こう、と責められる。

「おー、我こそはな、冠者《かしゃ》温羅とは、我《わが》ことじゃ、おのせ。御命《おんみこと》の神通力激しきにより、我眷族《わがけんぞく》は打ち敗れ、無念や、口惜しや、血の涙。我を一人《いちにん》助けたもうものなれば、吉備三ヵ国の系図を捧《ささ》げ奉《たてまつ》らん」

そう言って、温羅は襟から巻物の系図を取り出し、ぱらりと広げてキビツヒコに捧げれば、命《みこと》は二刀の剣でこれを受取る。なお、ここでの吉備の冠者とは、吉備の国王に相当する。温羅が吉備を牛耳っていた、という仮説のもとで系図がでてくるが、もちろん、そんなものは存在しない。江戸期における系図づくりを反映してのことだろう。

キビツヒコは、刀を向けたまま温羅を論す。温羅は、なお唸り声をあげながらも両手をついて低頭、承諾を示す。

「いよいよ我に降伏なしたもうものなれば、宮の境内より一段下がり、御釜《おかま》の段にて艮《うしとら》御崎《おんさき》と祀り申すか、返答はさあ、さあ何と申すぞ」

「しかれば、御釜の段において御動詞《おどうじ》を捧げるほどに、幾世久しくあがめ祀り給え」

温羅は、舞い入る。キビツヒコは、二刀の剣に系図を掛けて持ったまま、祝詞《いわいことば》を唱えながら嬉しき舞を舞う。

「あんらめでたや。山陽道は山一筋に、川二筋に流れ、なかにもいにしえ、賀陽の郡《こおり》は板倉の郷《さと》、有木の別所に、打てば鳴り、打つ音響く鼓山《つづみ》。鯉山の麓、後世《ごせい》豊かに鎮まります」

「恐れおおくも孝霊天皇第二の皇子《おうじ》は五十狭芹彦《いそさせりひこ》の命《みこと》。吉備の宮は官幣中社と仰がれ申して、本能神宮、内宮、岩山明神、矢食いに鯉食い、細谷川には手水《ちょうず》の権現《ごんげん》、百二十末社と仰がれ申せば、吉備の郡《こおり》は、幾世久しく、松の葉色の変わらぬ御世《みよ》こそ、めでたかりけり」

これをもって、神楽「吉備津」は、めでたく納まるのだ。所要時間、約一時間をかけての熱演である。

鬼神温羅のその後と釜鳴り

「神楽」の最終段でキビツヒコが、温羅《うら》が降参するならば「御《お》釜《かま》の段にて艮《うしとら》御崎《おんさき》と祀り申す」、と引導を渡した。それに対して、温羅が「しかれば、御釜の段において御《お》動詞《どうじ》を捧げる」、と応えた。

それについては、たとえば「鬼城縁起」（室町期）では、概略次のようにある。

キビツヒコが鬼神（ここでは、温羅とはいわない）の頭を串に刺し、晒《さら》しものにした。すると、鬼神の首は、啼《な》き吠《ほ》え続けた。キビツヒコは、その頭《ず》蓋骨《がいこつ》を竈《かまど》の下に埋めたが、啼き吠えることは止まなかった。そこで、神饌《しんせん》の炊飯を代々担当していた阿《あ》曽庄《ぞのしょう》の老女（阿《あ》曽女《ぞめ》）に神楽（神楽歌か）を奏させたところ、ようやくそれが止まった。

それが、神楽「吉備津」の原本であろうとする「備中国大吉備津宮略記」（江戸時代後期）では、さらに詳しくなる。

温羅が、キビツヒコに対して、「家臣にしていただくなら、誠実に奉公したい」、と恭順の意を表《ひょう》したというのだ。

温羅は、一八〇歳で死去した（キビツヒコは、二八一歳で崩御、とある）。龍となって飛び立ったが、ある夜、キビツヒコの夢枕に立った。

「自分の妻である阿曾女《あぞめ》を、茅葺きの宮の御釜殿《おかまでん》で奉仕させる。吉備の国内で何か事あれば、その釜殿に来られよ。吉き知らせのときは、阿曾女が炊《かし》ぐ釜は凛々《りんりん》と大きくなるであろう。悪しき知らせのときは、その音は弱々しく消えるであろう」

もちろん、真偽を問うても詮ないことだ。しかし、室町期のあたりで成文化される下地《したじ》に、この地にこの種の伝説があったのだろう。いや、そうであっただろう。そして、これが吉備津神社の「鳴釜神事」の起源とされ、今日にも伝わっているのである。

神異譚《たん》として、時々にしかるべき人たちにとりあげられることによって、より広く知られることになった。たとえば、江戸時代初期の林道春《どうしゅん》は『本朝神社考』のなかでこれをとりあげているし、江戸時代中期には上田秋成が『雨月物語』のなかでこれを素材とした怪奇小説を書いている。「吉備津の釜鳴り」という神異譚は、時代を経るにしたがって、さもそれらしく調《ととの》えられてもいくのであった。

現在でも、備中地方では、根生いの人で「吉備津の釜鳴り」を知らない人はほとんどいないであろう。神異譚が生きている、といってもよい。それは、もうひとつには、吉備津神社の御釜殿《おかまでん》での祈禱が現在まで連綿と行なわれてきているからである。
それぞれの願主が、祈禱を申し出ると、そこに案内される。就業安全とか交通安全とか現代風の祈願もあるが、もっとも多いのは当病平癒のそれである。それは、昔も今も変わらない。

吉備津神社の鳴釜神事――祈禱の依頼者は自分の耳で鳴釜の吉兆を確かめる

御釜殿は、柱も板塀も煤《すす》けて黒光りをしている。大釜の焚き口は、向う側にある。そこに、白衣姿の年季を重ねた女性が座している。阿曽女《あぞめ》である。現在《いま》でも、阿曽（総社市）出身の女性が奉仕するそうだ。

神官が、釜をはさんでそれに対峙して座す。その後に、祈願主が座す。

神官の祝詞奏上《のりとそうじょう》にあわせて、阿曽女が湯をたてる（釜を焚く）。沸き立った湯の上に神米（白米）を撒《ま》く。撒くというよりも、叩きつける。すると、ウォーンとかすかに釜が鳴る。その音の強弱はあるものの、ほとんど例外なく釜が鳴る。祈願主は、それを聞いて神託を判断するのである。

そこに、湯立て神事が重なる。釜の声が吉兆を告げる、とするが、湯を清浄にしたところで祈禱することが大事なのだ。湯立神事に温羅伝説を重ねた、それが吉備津の鳴釜神事なのである。

実際に、備中地方の祭礼では、多くのところで湯立神事を伝えているのである。湯立った釜の前で、神職が祝詞祭文《のりとさいもん》（口祝詞）を唱える。その後で、笹竹を湯につけ、その湯笹をもって神前と参拝者を祓《はら》うのである。

これを、「湯祓い」ともいう。ひとり備中地方だけでなく、全国各地の神社の祭礼に伝えられている。しかし、備中地方でのそれは、湯笹で祓う前段で「米占《こめうら》」を行なうところが少なくないのだ。沸き立った湯に神楽歌を唱えながら神米を撒く。年占《としうら》のためには硬貨一二枚（一二カ月分）も加える。さらに、神米を撒く。

そして、祓い幣《べい》（御幣）の竹串の元を湯に立て、呪文とともに米粒を三回すくうのだ（竹串の元は、すくいやすく斜めに切ってある）。その米粒を笏《しゃく》の上に置き、その三回分の数を数えて託宣《たくせん》をする。米粒の数合わせによって御火替日《おひがえ》（潔斎《けつさい》を解く日）や用心日などを計る。数合わせが悪ければ三度まで正す。その結果を神職が氏子《うじこ》や産子《うぶこ》に告げるのである。

これは、他ではほとんど見られない神社神道以前の呪術（シャーマニズム）というもので、備中地方には、たぶん修験者の誰かが伝えたものだろう。その呪文には、密教（真言密教）に通じるところもあるのだ。

もちろん、吉備津の鳴釜神事の影響も受けてのことだろう。ただ、吉備津の釜鳴りに参列した人たちは、釜の鳴る音を聞いて吉凶を自分で判断することになる。そして、その音が清らかであることでそれぞれに安心もするのだ。それが、神職が卜占《ぼくせん》をたてる他の湯立てと違うところである。

いずれにしても、鳴釜神事におけるその音は、清く冴えるのがよい。神職も、「釜よ、清らかに鳴りたまえ」、と真に願って神事を進行することになる。釜が鳴らなければ、それで批判されることはないにしても、不名誉なことになる。ならば、釜が鳴る確率の高い術《わざ》があるのではないか。そう問いかける人もいようか。

俗にいうところの企業秘密に相当する。それをあばくこともあるまいか、と思う。が、明らかにしてみても、誰もが簡単にできることでもない。相応の集中力と術が要るのだ。ゆえに、そこでの潔斎や祭文・呪文が不可欠なのである。

沸騰した湯面に米を撒いても、音はでない。湯面と釜が接するところの少し上方、釜の側面に米粒を打つのだ。すると、米粒が瞬時に躍ることになる。しかし、それだけでは音が響かない。そこで、吉備津の鳴釜神事では、より効率を高めるために釜の上に甑《こしき》状の輪筒を置く。それに音が共鳴することに相なる。また、備中各地の湯立神事では、年占のために硬貨を投じる。これが、米粒とともに釜底で躍る。それで、カラカラと音を発するのである。

それにしても、湯の立て方、米や硬貨の投じ方、その瞬時のはかり方などが上手《うま》く重なってのことである。じつにむつかしい神事なのである。

右は、筆者の体験を通じての裏話でもある。余談になるが、我が家系も、代々の社家である。神社神道での神職に相違ないが、神道では雑祭式と呼ぶ呪術的な祈禱法も我が家系では伝えてきた。そうした立場で、湯立ての術に深入りをしてふれたところである。

吉備津彦伝のその後

キビツヒコの墳墓がある。

吉備津神社（備中一の宮ながら、現在は岡山市）の一帯が、吉備中山。そのひとつの頂が茶臼山《ちやうすやま》（海抜一六〇メートル）であり、そこに前方後円墳がある。南北一九五メートル、東西一〇三メートルで、ほぼ原型がたどれる。これが、「大吉備津彦命墓」で、明治七（一八七四）年に宮内省（現在の宮内庁）の所管となっている。

キビツヒコにゆかりの深い吉備津神社であるが、いつの創建かは明らかでない。社伝にしたがうと、キビツヒコは、吉備の中山の麓《ふもと》に「茅葺宮《かやぶきのみや》」を営んで二八一歳の長寿を保った、という（藤井駿『吉備津神社』）。それが吉備津神社の正宮の起源とすれば、そこにキビツヒコが祀られていて当然だろう。はじめは、キビツヒコの子孫が祖霊神として祀って

吉備津神社と吉備中山——吉備津彦の墳墓は中山山頂にある

いた、ともいう（同上書）。

しかし、現在に伝わる吉備津神社の本宮の祭神は、孝霊天皇とある。すなわち、祭神は、キビツヒコの父君なのである。いつ、どういう理由でそうなったのか、確たる文献がないのでよくわからない。ただ、その本宮から茶臼山の墳墓を遥拝《ようはい》するかたちとすれば、納得もできようか。「大吉備津彦命墓」こそが真の御神体なのである。

神奈備《かんなび》山、という。神体山、ともいう。古く、山容の神々しい山を信仰の対象とした。この日本列島は、「山島」というのがふさわしい。そして、オヤマ（御山）、ミタケ・オンタケ（御嶽）、ミセン（御山・弥山）などと呼ぶ霊山霊峰が無数にある。アニミズム（自然崇拝）の原初は、山に登拝、山を遥拝することにあった、といってもよい。社殿が整うのは、仏教の伝来にともなう仏寺建築にならってのことである。

そののちも、社殿の後背には鎮守の森が備わっており、仏寺にも山号が冠せられてきた。そこが平地にあっても、山島における原初のアニミズムをつないでのことであったに相違あるまい。

吉備の中山も、もとより汚しがたい山だったのであろう。キビツヒコが、その麓に「茅葺宮」を営んだのも、そのところにおいては道理というものだった。それが、死後は、キビツヒコ自身が山頂に鎮まることになった。ここに、吉備の中山は、まぎれもない神体山となったのである。

なお、吉備津彦神社（備前一の宮、岡山市）と吉備津神社（備後一の宮、福山市）の主祭神は、キビツヒコ（大吉備津彦命）である。

キビツヒコは、かように吉備一円に根づいている。「吉備国を言向け和《やわ》したまいき」（『古事記』〈中つ巻〉）というのは、征服ではあるまい、とした。動乱を平定して、倭《やまと》（大和）のよき同盟国たらしめた恩人ゆえに、吉備に祀られ崇《あが》められた、とした。倭への併合の功労者なら、それは倭で顕彰され祀られてしかるべきではないか。後の世のヤマトタケル（倭建命、日本武尊）のごとくにである。

キビツヒコと温羅《うら》の合戦については、先に述べた。備中神楽での伝承によっても、この地方の人びとはその伝説になじんでいる、とも述べた。それだけではない。その合戦にまつわる地名が、奇妙なまでに現存する地名や社名と合致するのである。それを結びつけて、人びとは親しみをもって語り継いでいるのである。

たとえば、キビツヒコと温羅が射合った矢が空中で絡《から》み合って落ちた。そのところに矢《や》喰宮《ぐいのみや》（岡山市）がある。そこにはその矢が祀ってある、という。さらに、キビツヒコは、二本の矢を同時に射った。その一本は、温羅の眼に当たり、血潮がこんこんとして流水のごとくほとばしった。それが血吸川《ちすいがわ》（総社市）となった、と伝わる。

温羅は、雉《きじ》となって山中に隠れた。キビツヒコは、鷹となってこれを追う。たまらず、温羅は、鯉となって血吸川に潜るが、鵜と化したキビツヒコに噛《か》みあげられた。鯉喰《こいぐい》神社（倉敷市）の由来がそこにある、とする。

そのほかにも、キビツヒコの陣地のひとつとされる楯築《たてつき》神社（倉敷市）があり、温羅が吉凶を告げるという釜鳴りにちなんだ大釜（鬼の釜）もある（総社市）。さらに、矢坂（岡山市）や矢影《やかげ》（小田郡矢掛町）などの地名も合戦時の矢に由来する、という。

そして、鬼《き》ノ城《じょう》（総社市）もある。大規模な山城の遺跡である。成立年代については、五世紀から七世紀の間で諸説がある。昭和五〇年代に発掘調査が進められ、昭和六一（一九八六）年に国指定の史跡となった。朝鮮式の城郭とされ、倭や吉備などからの援軍も出た白村江《はくそんこう》の乱の後の帰化人（百済人《くだら》）たちの手を借りての築城、との説が強い。しかし、完成までには至っていない史跡である。

鬼ノ城山――山頂に門や建物の遺構が発見され、一部が考察にしたがい復元されている

しかし、これをもって鬼神温羅が立て籠《こ》もった城、とするのは短絡にすぎる、といわざるをえない。が、鬼ノ城という地元に伝わってきた呼称からして、そこに温羅伝説を重ねるのもむべなるかな、としておこう。

もちろん、それらは、キビツヒコが生存した当時からある地名や社名ではない。キビツヒコ伝説が整ったのちに、名づけられた、とみるべきだろう。しかし、そうであるとしてもよくできており、この地方では、それほどにキビツヒコが主役の「吉備神話」が時代を経てもなお脈々と生き続けてきた、というべきであろう。各地にそうした神話や伝説を継ぐ形跡がみられるが、これほどの濃度は類例があるまい、と感嘆するばかりである。

桃太郎の誕生とブランド化

さらに、その上に「桃太郎伝説」が加わる。

キビツヒコの初出は、『古事記』（七一二年）にある。そして、キビツヒコがさほどに英雄であったかどうかはさておいて、実在したであろうことは、ほぼ事実であっただろう。それに対して、桃太郎は、中世以降のものがたりの主人公であって、実在はしない。それが、いつしか重なったのだ。そして、桃太郎はキビツヒコをモデルにして生まれている、と思っている人も少なからずいるはずだ。

それを批判するのではない。ものがたりは、時々に創られてもいくのだ。ここでは、そのなりゆきの事実をたどっておこう。

昔話として伝わる多くが、室町時代に成立した御伽草子《おとぎぞうし》にある。ということは、昔話の研究者のなかでは定説化もしている。浦島太郎や一寸法師がそうである。その代表的な話は、江戸時代になってから編じられた『御伽文庫』に収録されている。ところが、桃太郎の話はそこに入っていない、という。そして、江戸中期の享保八（一七二三）年に発刊された『もも太郎』が現存の最古の本になる、という（市川俊介『おかやまの桃太郎』）。

それ以降、多くの桃太郎本が出ている。また、絵巻物も出ている。

それらを総じてみると、桃太郎の誕生譚が二通りに大別される。

そのひとつは、現在にも伝えられるところの「桃から生まれた男児《おのこ》」。昔話研究では、「果生型」とかいう。

ところが、もうひとつに、「回春型」なるものがたりがある。

たとえば、京都上賀茂《かみがも》神社の神職、梅辻規清《のりきよ》が書いた『雛廼宇計木《ひなのうけぎ》』には、次のようにある。


「昔々老夫ト老婦ト在ツタトサ。老夫ハ山ヘ草刈ニ、老婦ハ川ヘ洗濯行キケレバ、川上ヨリ桃流レ来ルユエ、老婦早速ニ取上ゲ、是レハヨイ土産ナリトテ持帰リ老夫ニ見セ、二人シテ其ノ桃ヲタベケルガ、老夫婦モ遽《にわか》ニ若クナリ、皺《しわ》モ伸ビ緑ノ髪ニテ三十位《くらい》ノ若人トナル。老婦ハ二十四五ノトシマトナリケル、老婦互ニ不思議不思議ト且ツ驚キ且ツ歓ビ、（中略）程ナク老婦心持平常ナラズ覚エケルガ、何時トナク娠《みごも》リテ月ヲ重ネ安々ト玉ノヤウナル子ヲ産ミケル。（中略）老夫老婦ノ歓ビ限リナシ。桃ノ瑞相《ずいそう》（吉兆）ニテ生レシ故、桃太郎ト称ス」（上記『おかやまの桃太郎』より抜粋、傍線は筆者）。


そのあとは、偉丈夫に育った桃太郎が鬼退治に出かける。そのものがたりは、両者とも大同小異の展開である。誕生について、果生型と回春型とに分かれるのである。

このうち、回春型は、後に伝わりにくかった。当然のことである。とくに、それを子どもたちに語りかける童話には、はばかりが大きかったのである。

時代を経ると、大きなフィクションが生まれることになった。

岡山こそが桃太郎の故郷、と喧伝《けんでん》されだしたのである。

桃太郎伝説は、各地で語り継がれている。そして、桃太郎の生誕地を主張するところも少なくない。もちろん、実話としてはありえないが、それをたびたびに主張することで、さも実話かのように語られることにもなる。俗にいうところの「嘘も百遍つけば」「嘘から真《まこと》」に相なるのである。

桃太郎伝説の元を先に唱えたのは、犬山（愛知県）であり、女木島《めぎじま》（香川県）である。現在は、岡山を加えて三大伝承地ともいわれる。

犬山には、桃太郎神社がある。昭和五（一九三〇）年の建造というから、これもさほど古いことではない。鳥居の扁額《へんがく》が桃、桃太郎の立像、幟《のぼり》は桃太郎に犬・猿・雉、さらに鬼までも。そして、「悪は去る（猿）、病は去《い》ぬ（犬）、災は来《き》じ（雉）」、と神徳を説明してある。

宝物館には、桃太郎の錦絵（菱川晴信作）があり、これは見事なものである。だが、黍《きび》団子を作ったといわれる木臼《きうす》や杵《きね》、鬼の金棒などの展示は、ご愛嬌《あいきょう》というしかない。しかし、桃太郎一色であり、ほほえましくもある。

女木島は、高松港の沖に浮かぶ。鬼ヶ島とも呼ばれる。鬼の住まいとされる洞窟もある。酒盛りの広場・財宝を隠した倉庫・鬼たちの居室などが設営され、現在は観光資源ともなっている。なお、そこは鎌倉時代の石切り場跡、ということが、香川大学の調査で明らかにされている。

そこに、岡山を故郷とする桃太郎のものがたりが新たに加わった。歴史的にいうならば、瞬く間に岡山発生説が広まった。

それは、ひとつには、ここにはキビツヒコの温羅退治の伝説があったこと。もうひとつには、江戸以降の名物として吉備団子が作られていたことがあげられる。ものがたりを零から創るよりも、それらを下地に喧伝すればよい。当然のなりゆきであった。

吉備団子の商業戦略は、日清・日露戦（明治後期）にはじまる、という。吉備と黍《きび》を巧みに重ねて「日本一の吉備団子」として帰還兵士たちに売り込んだ、ともいう。そのあたりは、加原奈穂子「旅みやげの発展と地域文化の創造―岡山名物〈きびだんご〉の事例を中心に」（旅の文化研究所『研究報告』13に所収）に詳しい。

ここでは、桃太郎の鬼退治伝説とキビツヒコの温羅退治伝説との習合を明らかにしておきたい。

昭和五（一九三〇）年に彫塑・彫金家である難波金之助（一八九七〜一九七三年）によって、『桃太郎の史実』が著された。ちょうど、岡山県で陸軍大演習が開催、天皇陛下の行幸を控えた時期であった。ここで、桃太郎伝説は、キビツヒコの温羅退治を原作とする、という説が提唱され、広まることになったのである。

難波金之助は、工芸家としても著名であったが、他の顔ももちあわせていた。それは、皇祖を讃《たた》える愛国主義者であり、郷土顕彰の活動家でもあった。「吉備の桃太郎会」の中心的、というかカリスマ的存在であった。

それより前、明治・大正時代には、桃太郎の童話が多数出版されている。それは、戦争をも辞さない国家体制のなかでの軍国童話ともなった。桃太郎を皇国の子、鬼を敵国の徒《やから》に見立ててみると時局に合っていたからでもあろう。

一方で、プロレタリア児童文学運動のなかでは、そうした桃太郎が否定されもした。

そして、第二次世界大戦下での桃太郎は、また戦いの健児として讃えられることになった。

桃太郎も、時代とともに評価が変わっていったのだ。そして、戦後、またふたたび別な役目を担って蘇るのである。「吉備の桃太郎」が「岡山の桃太郎」に拡大され、より現実的な活動を促進する標語とも化すのだ。

とくに、昭和二六（一九五一）年から四期知事をつとめた三木行治《ゆきはる》氏（一九〇三〜六四年）を中心とした県のシンボル化への活動が波及を広げた。なかでも、昭和三七年の岡山国体（第一七回大会）開催時に、行政も報道もこぞって桃太郎を取りあげることになった。三木氏は、その風貌《ふうぼう》もあって「桃太郎知事」といわれたほどである。

かくして、桃太郎は、見事なまでに岡山県のブランドと化していったのである。

現在《いま》、岡山駅前には桃太郎像が立つ。その建設当時は、史実を反映したものではない、という反論もあったそうだ。しかし、現在では、誰もがそれを当然のものとして見過ごしていく。桃太郎を冠したイベントも多い。岡山こそが桃太郎の故郷、と思っている人も多いだろう。

これも、良し悪しを問うのではない。ものがたりは、一方ではこうして次々に創られていくのだ。昔も今も、史実を繋《つな》ぎながら、しかし史実から離れながらも。日本だけにかぎったことでもあるまいが、その過程で民族性や、この場合には県民性もでてくるのであろう。

第四章　倭姫命の旅

ヤマトヒメの命《みこと》（倭姫命。『古事記』では倭比売命＝以下ヤマトヒメ）は、垂仁《すいにん》天皇（第一一代）の皇女として、倭《やまと》（大和）の地に生まれた。

生まれたときから、その運命は定められていたように思える。「倭比売命は、伊勢の大神の宮を拝ぎ祭りたまひき」（『古事記』の「中つ巻」）。天照大御神《あまてらすおおみかみ》の近くにはべり、ねんごろにお祀《まつ》りするのが、ヤマトヒメの特命とされていたのである。

天照大御神は、太陽を司《つかさど》り、地球上に光を与える畏《かしこ》き神。天高き高天原《たかまがはら》に坐《ま》します。ときの天皇で、ヤマトヒメの祖父にあたる崇《す》神《じん》天皇（第一〇代）がその御《み》魂《たま》を招き、宮中に祀っていた。だが、倭の都がにわかに不穏におそわれた。疫病が流行《はや》り、火災も頻発。そうしたときは、えてして政治の抗争がおきやすい。

そんな世情に、気鬱《きうつ》になった崇神天皇は、考えをめぐらす。不穏の原因のひとつは、大御神と自らが同居のかたちにあることではないか、と。そして、判断をくだした。すなわち、大御神をひとまず倭の笠縫《かさぬい》村に移し、天皇の皇女トヨスキイリヒメ（豊鍬入姫）を斎《いっ》き主として、そこに祀ることにしたのである。

笠縫村のその宮は、三輪の御《み》室《むろ》の嶺《みね》にある。『万葉集』にも、「いにしへにありけむ人もわがごとか　三輪の檜《ひ》原《はら》に挿頭《かざし》折りけむ」とうたわれているように、現在、その跡には檜《ひ》原《ばら》神社が建つ。

ちなみに、檜原神社は、鳥居は二本の柱が立つだけで、社殿はない。山頂の磐座《いわくら》が大御神の御鎮座どころなのだ。もっとも古い神座《かんどころ》のかたちが、現在も確認できるのである。その脇には、小さな社ながらトヨスキイリヒメの鎮座どころもある。

その山麓《やまふところ》には、前方後円の古墳が点在し、そこには、崇神天皇の陵墓もある。

さて、トヨスキイリヒメは、天照大御神の御杖代《みつえしろ》として二三年間つとめた。だが、突然に「吾《われ》、日足りぬ」と言った。日足りぬとは、もう十分におつとめをなしたがため余力がなくなった、とでも解釈できよう。平たくいえば、引退を表明したのである。

トヨスキイリヒメの役目は、ただ大御神を斎き祀ることだけではなかった。三輪の檜原の地はもとより世情不穏な都に近いところにあり、大御神を長く祀るにはふさわしいとはいえない。永久《とわ》に大御神を鎮め祀るところ、すなわち常世《とこよ》の宮処《みやどころ》を探す、その御杖代としての役目こそがもっとも重要だったのである。

トヨスキイリヒメは、事実、丹波に四年、紀の国（紀伊国）に三年、吉備の国に四年と、大御神を鎮め祀る宮処を探して御行《みゆき》をしているのだ（『倭姫命世記』）。その後も、大御神の良き宮処を探すための苦心をした。その苦心が重なって、「吾、日足りぬ」、と引退を決めたのである。

そして、その御杖代の大役を「姪倭比売《いもやまとひめ》（以後は、倭姫とある）に事依《よ》さし奉り」、と相

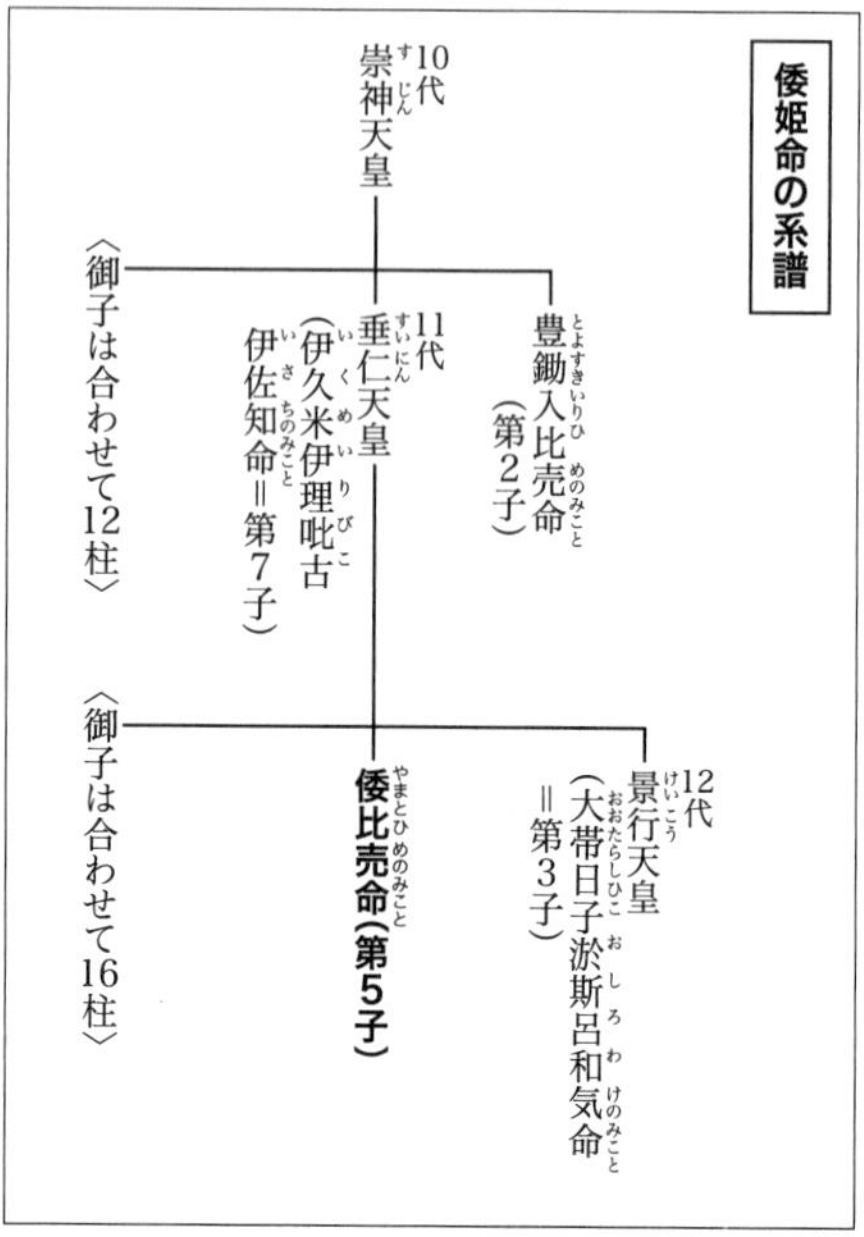

なる。伯母から姪《めい》へ、御杖代の役が継がれることになったのである。

　あらためて、御杖代とは。天照大御神を頂き祀り、大御神がお気に召す美しい常世の地に案内をする役目である。御杖代には、大御神の言霊《ことだま》をたちまちに悟る霊感が求められるのは、いうをまたない。天皇の代理として、皇女がつとめることになったのである。トヨスキイリヒメが初代、ヤマトヒメが二代目。これがのちの斎宮《さいぐう》における斎き主ともなるのだ。

　天皇は、ヤマトヒメにも、国覓《くにま》ぎせよ、と命じた。

「国覓ぎ」とは、「よい国土を求めあるくこと」（『広辞苑』第六版）。このときは、大和朝廷の勢力の及ぶところをくまなく巡ったうえで常世《とこよ》の地を探しあて、大御神の永遠《とわ》の宮処を定めるように、と命じられたのである。

　かくして、天照大御神を戴《いただ》いてのヤマトヒメの旅がはじまった。

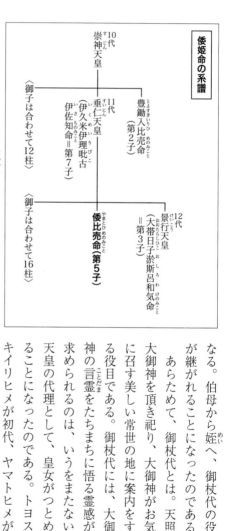

私事になるが、筆者は、旅の文化フォーラム（平成二六年一〇月、東京。平成二八年二月、大阪）での朗読台本『倭姫物語』を書き下ろしたことがある。朗読は、山根基世《もとよ》さん（元NHKアナウンサー）。ここでも、その台詞《せりふ》の一部を修筆して使うことにする。

その台本は、神道五部書の一書である『倭姫命世記』にもとづいている。神道五部書（他の四書は、『天照坐伊勢二所皇太神宮御鎮座次第記』『伊勢二所皇太神宮御鎮座伝記』『豊受皇太神宮御鎮座本記』『造伊勢二所太神宮宝基本記』）は、いずれも中世における伊勢神道の根幹をなす書物である。

倭姫（阿部夫美子作）

『倭姫命世記』については、『日本書紀』や『皇太神宮儀式帳』（延暦二三＝八〇四年）など先行の古文献からの引用が多いことや記述に重複や誤記があって一貫性にかけることから、信憑性のない偽書である、という批判が江戸期以降たえない。しかし、「だからと言って、すべてを否定してはならない」（和田嘉寿男《かずお》『倭姫命世記注釈』）。私も、そう思う。

少なくとも、ヤマトヒメに象徴される皇女が、天照大御神の御杖代として巡行（巡幸）したことは、ありえただろう。それは、『日本書紀』や『皇太神宮儀式帳』からも明らかである。のちには、斎宮制度がそれをつなぐ。そこに、伊勢神宮の由来を正当化する加筆があったにしても、古代、あるいは中世のころの関係者が共有しえた国家観であった、とみるべきではあるまいか。神話からさらに進んだ「神と人のものがたり」が、ここにはじまるのである。

「国覓ぎ」という旅

日本における神は、機に応じてより安けきところに遷座《せんざ》なさるのである。そこへ旅をなさるのである。この場合は、ヤマトヒメがその安けきところを探し確かめながら、天照大御神《あまてらすおおみかみ》をご案内したのである。

『倭姫命世記』の成立（鎌倉期）より古く、ヤマトヒメの巡行を記した文献に『皇太神宮儀式帳』がある。そこには、以下のようにある。

「そのとき、倭姫内親王、大神を頂き奉りて、願《ね》ぎ給ふ国に求《ま》ぎ奉る時に」

「国を求《ま》ぐ」（原文では、国求）ことがヤマトヒメの巡行の目的となっているのだ。

そして、「国求」は、「国覓《くにま》ぎ」と書いてもよい。これを前掲の『倭姫命世記注釈』では、「常世《とこよ》への国覓ぎ」としている。言い換えて妙なる言葉である。


天照大御神の立場にたっていうならば、常世の宮処《みやどころ》を求めて、ということになる。

しかし、天皇の立場にたってみれば、どうなるか。古式における天皇は、為政者である。しかも、その立場は、必ずしも安定はしていない。ヤマトヒメに天照大御神を奉戴しての巡行を命じた崇神天皇には、しかるべく政治的な深慮があった、とみるべきではあるまいか。


「神明の加被（護）に依《よ》りて国家の安全を得。国家の尊崇に依りて神明の霊威《れいい》を増す」


『倭姫命世記』のなかの一節である（わかりにくい漢字はカッコで補足した。また、送りがなは、平易にくだいた。以下、同じ）。

神明と国家の安寧は表裏一体、としているのだ。天皇が天照大御神を利用して、という語弊もあろうが、天皇の政策にあわせたかたちで大御神に御幸《みゆき》をしてもらう。『倭姫命世記』からは、そうした筋書も読みとれるのである。

そこでの国覓ぎは、自らの勢力が及ぶところをさらに固めることにある。それぞれに割拠する地場（小国）勢力に服従を約させることにある。事実、ヤマトヒメは、行く先々で、「国の名は何ぞ」と言問いながら、そこでの国勢を確かめ、天照大御神を祀って、そこでの勢力者たちをその神威に帰順させることをくりかえしているのだ。それぞれのところで、二年とか三、四年をかけている。これが、『倭姫命世記』における国覓ぎの実態というものである。信仰の旅、と単純に位置づけるわけにはいかないのである。

ということは、ここでは戦闘こそともなわないが、いいかえれば政略的な遠征、と読みとることができる。『古事記』『日本書紀』、そして『風土記』にもこれに類した国覓ぎの話はでてくることでもある。

古代において国を治めるのには、辺境や異界をも知る、その土地土地の有力者を和《やわ》らげる対策をとることが、求められたのではあるまいか。そのところで、前章でとりあげたキビツヒコ（吉備津彦）もその種の役目を与えられていただろう。ヤマトヒメの場合は、さらに明確に、その役目を、倭《やまと》（大和）を出ることがかなわない天皇の名代として託されて担《にな》っていたのである。

ヤマトヒメをしての御杖代《みつえしろ》とは、天照大御神の霊威と天皇の権威が依りついたかたちの大役、とみればよい。ゆえに、成就が必須。これをヤマトヒメの「国覓ぎの旅」、とするのがよかろう。

唐突ながら、「国覓ぎ」から「観光」という言葉を連想することも許されようか。

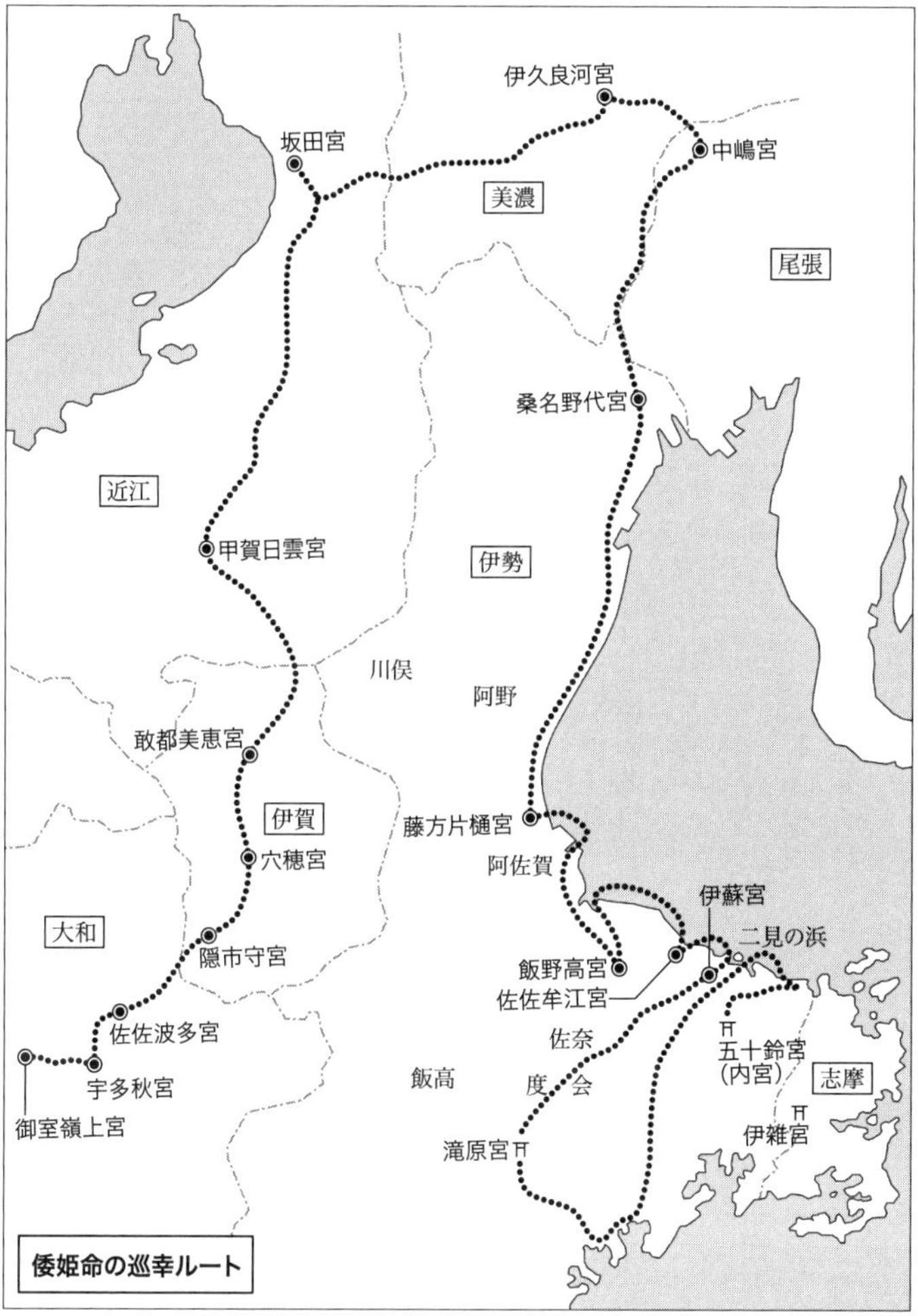
伊久良河宮
坂田宮
中嶋宮
美濃
尾張
桑名野代宮
近江
甲賀日雲宮
伊勢
川俣
阿野
敢都美恵宮
伊賀
藤方片樋宮
穴穂宮
阿佐賀
伊蘇宮
大和
二見の浜
隠市守宮
飯野高宮
佐佐牟江宮
佐佐波多宮
佐奈
五十鈴宮
（内宮）
志摩
御室嶺上宮
宇多秋宮
飯高
度会
滝原宮
伊雑宮
倭姫命の巡幸ルート

観光という言葉の元は、古代中国における五経のひとつ「易経」にある。「国の光を観る。もって王に賓たるに利あり。国の光を観るとは賓を尚ぶなり」（高田真治・後藤基巳《もとみ》訳『易経』）。つまり、君主たるものの統治法として、国俗の威勢を巡察、認識する必然を説いているのだ。観光の本来の意味は、いいかえれば、「観示」。十分に観察して、正確にしらしめす。そこに、君主たるものの資質が問われたのだ。

日本では、幕末ごろから観光という言葉が頻繁につかわれるようになる。たとえば、安政二（一八五五）年、江戸幕府は、オランダ国王から木造蒸気船を贈られたが、これを「観光丸」と名づけている。また、元治元（一八六四）年に、下野《しもつけ》の佐野藩で藩校が開かれたが、これが「観光館」であった。ほかに、明治初年の国産品奨励のための「観光社」や「観光繻子《じゅす》」などとみていくと、どうやら当初は本来の意味に準じてつかわれていたようでもある。

それが今日的な意味につかわれだすのは、明治中期以降のこと。はじめは、外国人旅行客を受け入れるために、「日本観光」とか「国際観光」などという言葉が用いられた形跡がある。ちなみに、明治四五（一九一二）年、外国人旅行者の斡旋と誘致のために、ジャパン・ツーリスト・ビューロー（現在の日本交通公社の前身）が創立されたが、その名称として「国際観光奨励会」、「日本観光局」、「日本観光奨励会」などの案があがった、という。折しも、鉄道の開設によって国内の旅行も隆盛のきざしをみせていた。かくして、「観光

三輪の檜原神社——天照大御神と豊鍬入姫が祀ってある

旅行」なる言葉が生まれ、普及していくのである。

話が少々飛躍した。しかし、『易経』にある古代における「王たるもの」は、そのまま古代における「天皇たるもの」とおきかえることができるだろう。そこで、古語の「国覓ぎ」と「観光」の同義が認められるのである。

宇多秋宮での旅先占い

三輪の御室嶺《みむろのみね》に斎《いつ》き奉《まつ》っていた天照大御《あまてらすおおみ》神《かみ》を戴き祀り、ヤマトヒメは長の旅に出る。『日本書紀』（養老四＝七二〇年）では、次のように記している。

倭姫命、大神を鎮めます処を求め
菟田《うだ》の篠幡《ささはた》に詣で

更《さら》に還《まわ》って近江国に入り
東に廻りて美濃、伊勢国に至る（筆者読下し）

『倭姫命世記』では、その経路を詳しくたどっている。そこに留まり、天照大御神を祀り、ところ（小国）の勢力者たちを帰順させること一九件。倭《やまと》（大和）から伊賀・近江・美濃・尾張と巡り、常世《とこよ》の国伊勢の五十鈴《いすず》の川上を大御神安鎮の宮と定めるまでに、何と三十余年もかけているのである。それだけの手間をかけるがゆえに、「常世への国覓《ま》ぎ」の旅となるのである。

まずは、菟田の篠幡へ。『倭姫命世記』では、「宇多秋宮」とある。現在、比定できるのが奈良県宇陀《うだ》市の阿紀《あき》神社である。

ちなみに、『倭姫命世記』に記されている地名は、その表記に現在地とそぐわない例もあるが、ほとんどが現在の表記に直せるのである。つまり、表音の一致をみるのだ。そして、二年なり三、四年をかけて天照大御神を祀って留まったところのほとんどは、現存の神社に比定できるのである。平成六（一九九四）年、伊勢神宮の式年遷宮時に、神宮司庁が中心になってその検証もできた。

ただし、それらの神社は、ヤマトヒメが天照大御神を祀ったことでできたのではない。すでに社があったかどうかは、ところによって違うが、多くは、その土地の氏族たちが守護神の礼拝所として結界を設けていたところである。そのところの一隅をヤマトヒメが借りるかたちで天照大御神を祀ったかたちが少なくない。したがって、現存する神社でも、本殿の主祭神が天照大御神ではなく、末社に大御神が祀ってあるという例も少なくないのである。

ただ、宇陀の阿紀神社にかぎっては、祭神が天照大御神である。

『万葉集』（八世紀後半に成立）のなかでは、「安騎野《あきの》」がそれに相当するだろう。そこに、「神《かむ》ながら神さびせす」とある。倭（大和）に近いところにあって、天皇が信奉するところの天照大御神の霊位はすでに周知されていたであろう。また、ヤマトヒメの巡幸が始まったこともそのあたりでは知らされていたのであろう。

ちなみに、阿紀神社の由緒書には、以下のようにある。

「未婚の皇女の中から神に仕えるために選ばれて（後の世でいう斎王となって）最初に大神様の御鎮座地をここ阿貴野の地にお求めになり、四年間お祀りになられた」（平成二一年、阿紀神社氏子、浦岡英夫）

のちに、柿本人麻呂《かきのもとのひとまろ》が「東《ひんがし》の野にかきろひの立つ見えて　かへり見すれば月西渡《かたぶ》きぬ」（『万葉集』巻一）と詠《うた》ったごとくに、なかなか風情のある土地である。近鉄榛原《はいばら》駅より最寄りのところ、水田に囲まれた樹林《じゅりん》のなかに神明造りの神社がある。
ヤマトヒメは、そこで四年の間、大御神を祀った。ある日、大御神がヤマトヒメの夢枕に立った。高天原《たかまがはら》にあって透視した美しき国を早う探してくれ、と。それは、この地より東にある、と。そのお告げを受けけて、ヤマトヒメは、宇気比《うけひ》をいたした。

『倭姫命世記』では、「此より東に向ひて、乞ひ宇気比て」とある。この「宇気比」は、辞書にはない。が、これを「祈請《うけい》」と直すことができよう。すると、「神に祈って成否や吉凶を占うこと」（『広辞苑』第六版）となる。

その占いの方法は、しかとはわからない。ただ、『倭姫命世記』には、「我が思刺《こころざし》て往く、吉あらば、未嫁夫（未婚）の童女に相《あ》いて」、とある。

「東に向かい、その方角がよいかどうか慎重に占いをたてましたのじゃ。吾《あ》がこころざして往くところ吉ならんとせば、未婚の娘に出会えるだろう。その娘を相伴え、という卜筮《ぼくぜい》がでました。そのとおりに、ひとりの童女に出会うたのです。そのところの八佐加支刀部《やさかさとべ》なる者の娘、私の大宇禰奈《おおうねな》。私の旅に仕えまつらん、と申しましたので、その弟大荒彦《おおあらひこ》も一緒に供に加えましたのじゃ」（朗読台本『倭姫物語』より。以下、同じ）

日本の古代にかぎったことでもあるまい。行く先の情報が乏しい徒歩行であれば、その安全を願って神に祈る。そして、より安全を願って占う。そこに、科学的な法則性を導きだすのは、もとよりむつかしい。縁起かつぎ、気休めの類も含まれよう。

私たちに卑近なところで、子どものころの天気占いがある。「あ〜した天気になあ〜れ」、と願ってはきものを脱ぎ投げる。表が出れば、それが叶《かな》うとした。それが出るまで何度も試した。ヤマトヒメのそれとは比較にならない単純なものだが、占いの本意とはそうしたものに相違あるまい。

伊賀・近江から美濃・尾張へ

かくして、ヤマトヒメは、童女大宇禰奈《おおうねな》と大荒彦《おおあらひこ》を供に加えて東上するのである。

なお、ヤマトヒメには、五大夫が随行していた。五大夫は、連《むらじ》とか臣《おみ》とかの官位をもった武将である。それに下手間《したでま》役が数人、さらに大宇禰奈と大荒彦が加わったのである。

ヤマトヒメの旅は、伊賀から近江に。さらに、美濃から尾張に。伊勢に直に向かえば簡単なはずだが、北よりに迂回していく。このことからも、「国覓《くにま》ぎ」が旅の目的であったことが明らかである。

『倭姫命世記』では、そのあたりの記述が単調である。概略をまとめておこう。なお、ここでの年号は、天皇代である。六五年までが崇神天皇の代、その後が垂仁《すいにん》天皇の代である。

六十四年丁亥　伊賀国隠《なばり》（名張）の市守宮に遷幸《みゆき》。二年の間、斎《いつ》きまつる。
六十六年巳丑　同国穴穂宮に遷り。四年間、斎き奉る。その時、伊賀の国造《くにのみやつこ》が篚《ふじ》山葛《かずら》の戸（辞書）、並びに地口の御田《おみた》、細鱗魚《あゆ》取る渕《ふち》、梁《やなさ》作す（掛ける）瀬などを寄進した。朝《あした》の御気《みけ》（御饌）、夕《ゆうべ》の御気に供え進《たてまつ》った。
活目《いくめ》入彦《いりひこ》五十《い》狭《さ》茅天皇《ちのすめらみこと》（垂仁天皇）即位の二年発巳　伊賀国敢都《あえと》美《み》恵宮《えのみや》で二年間斎き奉る。
四年　末　淡海《おうみ》（近江）甲可《こうか》（甲賀）の日雲宮《ひくものみや》に還り、四年斎き奉る。時に、淡海の国造が地口の御田を寄進した。
八年巳亥　同国坂田宮に還り、二年間斎き奉る。地口の御田が寄進された。
十年辛丑　美濃国の伊久良河宮へ遷幸。四年間、斎き奉る。次に、尾張国の中嶋宮に帰り座《ま》して、倭姫国保伎《くにまぎ》給う。時に、美濃国造、舎人市主《とねりのいちぬし》、地口の御田を寄進する。並びに、御船《みふね》一隻も寄進する。同じく、美濃の県主《あがたぬし》が角鏑《つのかぶら》を作り、御船二隻とともに寄進した。

この原作を脚色するには、行間からその風景を想像たくましく読みとって描かざるをえない。朗読台本では、ヤマトヒメをして次のような口調で述懐してもらうことにした。

近江の坂田神明宮——本殿の祭神は天照大御神、倭姫は境内の小社に祀ってある

「伊賀の国では、隠《なばり》の市守《いちもり》の宮で二年間、穴穂《あなほ》の宮で四年間、敢都《あえと》美恵《みえ》の宮で二年間と、天照大御神《あまてらすおおみかみ》様のごきげんをうかがいながらお祀り申しあげました。が、……大御神様がお気に召された、という夢告げはございませんでしたのじゃ。

やがて、伊賀から淡海《おうみ》へ。淡海の国では日雲《ひくも》の宮で四年間、坂田の宮で二年間、過ごしました」

天照大御神をいずこかの地に祀るとしても、大御神ご安鎮の宮処《みやどころ》を、互いに引きあっても困るので、その国の内、土地土地の有力者たちにそのことをしかと認めてもらわなくてはならない。いまでいうなら、根まわし。国覓ぎとは、その根まわしの旅でもあったのだ。

そのところでは、必ずしも大御神の気にいるところでなくとも、宮を借りたり、社《やしろ》を建てたりして祀ることも必然というものであった。


「国々で稲田《いなだ》を寄進してくれたり種々《くさぐさ》の御饗《みあえ》を供えてくれる人が多くございました。そのつど、私《わらわ》も国保伎《くにほぎ》を返しておりました。国保伎と申しますのは、その土地を誉めはやし、祝福する祝詞《のりと》を唱えることでございます。そして、その土地の安全を祈禱いたします。

そうでございますとも、天皇家の皇女たるがゆえの私《わらわ》は、大御神様の言霊《ことだま》を悟る霊媒としてだけではありません。八百万《やおよろず》の神々とも相通じる霊力、呪力に優れた巫女《みこ》でもあるのです」


もちろん、往《ゆ》く先々の土地にも、優れた巫女がいた。土地の神々を祀って彼女たちが神事を執り行なっているのだが、いずれもが、霊力、呪力の強い家筋の女子《おなご》たちである。そして、それぞれが誇り高き女子たちであった。

当然のことながら、皆が皆、ヤマトヒメを歓迎してくれるわけではない。むしろ、多くは反発したり嫉妬したり。巫女の世界は、身分の違いでおさまるものではないのだ。

それをおさえていくには、ヤマトヒメが呪力で勝ることを示すしかないのである。

「呪力合戦？　そんなことをする必要はありません。私《わらわ》が天照大御神様をお祀りして、大御神様の御声を一心に聞こうとする、そのおこないを日々重ねておれば、よろしいのです。もちろん、身を清め、心を鎮めて。邪心をもたないことが大事なのでございます。そのさまを、彼女たちは、好奇心をもって垣間《かいま》のぞきをしてくれればよろしいのです。それは、霊感の強い彼女たちですもの、私《わらわ》の呪力がどれほどのものか、即座に悟ることになるのです。

ゆえに、国々の人びとは、私《わらわ》をも畏《おそ》れたのです。当世の言葉では、カリスマシャーマンとか申します、かの。ホッ、ホ、ホ、ホ……」

先にとりあげた「宇気比《うけひ》」（祈請《うけい》）、そして、ここに出てくる「国保伎《くにまぎ》」（国覓ぎ）。後の伊勢阿佐賀《あさか》（桑名野代宮）の項に出てくる「屋波志志豆目《やはししづめ》」（屋波志志都米とも）。すべて呪術的な祈禱、と解釈できるのだ。とくに、古代においては、それは巫女がになう役目であった。

文献上からは、『古事記』（和銅五＝七一二年）に出てくるアメノウズメの命（天宇受売命《あめのうずめのみこと》、以下アメノウズメ）にはじまる。「天《あめ》の岩屋戸《いわやど》」では、アメノウズメの舞踊を次のように記している。

「天宇受売命、天《あめ》の日影《ひかげ》を手次《たすき》に繋《か》けて、天《あめ》の真折《まさき》を縵《かづら》と為《し》て、天の香山の小《さ》竹葉《さば》を手草《たぐさ》に結《ゆ》ひて、天の石屋の戸にうけ伏せて蹈《ふ》みとどろこし、神懸《かむがか》り為《し》て、胷乳《むなち》を掛き出《い》で、裳《も》の緒《を》をほとに忍《お》し垂《た》れき」（中村啓信訳注『古事記』）

つまり、アメノウズメがうつぶせにした桶の上で足を踏みとどろかす。背をそり胸乳をあらわにして、裳《も》緒《ひも》（ショール状の布）を女陰まで押したれて低く腰を落とし、力強くエロティックな動作で踊った、とするのだ。

『古事記』については、虚構の世界を描いたものであり、史実資料になりえない、というとらえ方がある。とくに、戦後の諸学会では、その風潮が強まった。戦前（第二次世界大戦前）までの皇国史観に対しての反発と反動でもあったのだろう。この場合は、「神懸りして」という文言が嫌われた。『古事記』の現代語訳では、それが削除されているものもあるのだ。

しかし、すべて否定はできないだろう。日本では、恐山（青森県）のイタコ（口寄せ巫女）が現代にも伝わる。韓国では、ムーダン（卜占巫女）が現代にも伝わる。とくに、ある種の霊力をもつ女性は、そこに特化する歴史的な傾向がうかがえるのだ。そのことは、前章でも述べたところである。

神楽でも、神懸りに代表される呪術的な演技は後退しているが、備中（岡山県）での荒《こう》神《じん》式年神楽や備後（広島県）での比婆《ひば》荒神神楽ではそれが伝えられている。そして、各地の神楽のなかにも、神懸りの演目はなくなったものの、「神降《くだ》り憑《つ》く」とか「神の依《よ》ります」「神懸《かか》ります」などの言葉が多く伝えられているのである。

神道の形成、神社の建造以前にさかのぼってのアニミズム（自然崇拝）にともなうシャーマニズム（呪術信仰）、としてよい。古くは、それは巫女が担うものであった。のちに、神道と神社が格式化するにつれ、男性神職の地位が確立していく。それにしたがって、巫女の地位が後退する。大ざっぱに中世はじめのころ、としてよかろうか。ヤマトヒメを原初ともする伊勢神宮における斎宮《さいぐう》制度（皇女が天照大御神の祭主となる）も、その流れのなかで廃止されるのである。

右の理由により、『倭姫命世記』も、そのところでは創りばなしではなかろう。ヤマトヒメは、偉大なるシャーマンであった。

美濃・尾張からは、ヤマトヒメ一行は、寄進された船を使って南下した。

いよいよ伊勢の国、桑名に入った。倭《やまと》（大和）は美和《みわ》の御室《みむろ》（三輪の三諸《みもろ》）を発《た》って、すでに二一年が経っていた。

阿佐加山に塞る荒ぶる神

伊勢の国に入ったヤマトヒメは、ここでも各所で「言問い」、その風俗《くにふり》を確かめながら「国覓《くにま》ぎ」を続ける。

桑名の野代宮《のしろのみや》で、天照大御神《あまてらすおおみかみ》を四年間斎《いつ》き奉《まつ》る。このとき、伊勢の国 造《くにのみやつこ》であるオオワクゴの命《みこと》（大若子命、以下オオワクゴ）が参り来て、国情を述べて供に参加することになった。

「神風の伊勢国」を治める国造タケヒカタの命《みこと》（建日方命）、「味酒《うまざけ》鈴鹿の国の奈具波志忍《なぐはしおし》山《やま》」を治める県 造《あがたのみやつこ》が祖オオヒコの命《みこと》（大比古命）、「草蔭の阿野の国」を治める県造が祖クワシオオの命《みこと》（桑枝大命）、「宍《しし》行く阿佐賀《あさか》の国」の県造が祖タケシコの命《みこと》（建呰古命）らが参り来て、それぞれに地口の神田を寄進していくことであった。

ここまでは順調に進んだ。

しかし、その先には難所と難題が待ちかまえていた。

『倭姫命世記』にいう。なお、「阿佐加《あさか》山の神」については、二項がある。以下は、その第二項で、「一書曰《いっしょよにいわく》」ではじまる。

「天照大神、美濃の国より廻りて、安濃《あの》の藤方片樋宮《ふじかたかたひのみや》に到りて座《ま》します。時に、阿佐加の山に荒ぶる神有り。百往く人をば五十人亡《うしな》ひ、四十往く人をば二十人亡ふ。茲《ここ》によりて倭姫命、度会郡《わたらい》の宇遅《うじ》村五十鈴《いすず》川上の宮に入りまさず」
三十余年にわたる「国覓ぎの旅」で、最悪のできごとであった。
ヤマトヒメは、焦った。自らの力が及ばないことを知った。

藤方の片樋宮——加良比乃宮（津市）を比定、このあたりで倭姫は阿佐加山の荒ぶる神に遭遇した

「桑名の野代の宮で四年、それから阿佐加の宮に移りました。ここで難儀がございましたのじゃ。長い旅で、いちばんの難儀に出くわしましたのじゃ。これまで、国造や県造たち男子《おのこ》たち、おしなべて従順でありましたが、ここで例外の猛者《もさ》もいることを思い知りました。
阿佐加の嶺に、荒ぶる神が坐《ま》しまして、な。名は、伊豆速布《いつはやふ》留神《るかみ》。土地の人びとが、神の称号を与えてもなお修まらず、四〇人往《い》く人があれば二〇人を捕らえて殺し、一〇〇人往く人があれば五〇人を捕らえて殺す、とか。恐ろしいことでございました。

私《わらわ》が、国保伎《くにほぎ》の祝詞《のりと》をあげ、折伏《しゃくぶく》の祈禱をいたしましても、通じる相手ではございませなんだ。口惜しいことではありましたが、武力をもって制圧することもできませぬ。

私《わらわ》は、供の大若子命《おおわくごのみこと》を倭《やまと》に遣わし、父君垂仁《すいにん》天皇のご指示をいただくことにいたしました」

三十余年にわたるヤマトヒメの旅で、天皇に指示を仰ぐということは、この一件だけである。荒ぶる土地神に対してなすすべがない一大事件であった。

このときの天皇は、代が変わって父垂仁天皇であった。

「天皇のお答えがございました。種々《くさぐさ》の品々をその神にお供えして、丁寧にお祀りして平らけよ、と申されたのです。私《わらわ》は、阿佐加の山に社《やしろ》を構え、一心に和《なご》めの祈禱をいたしました。

荒ぶる神がそれをいぶかしくのぞき、気を放って威嚇いたします。恐ろしいことでございますが、心乱しては相手は鎮まりません。威嚇の気に対しては慰撫《いぶ》の気を。反抗して暴れる子どもを抱きしめて、背中を撫でてやる母親のように。この場合の祝詞は、子守唄を唄うがごとくに。童話を語るがごとくに。そのかいあって、その神が鎮まり給うたのは、まことにうれしいことでございました。

そこで、その神をあらためて祀《まつ》りこめ、その地を宇礼志《うれし》と名づけたものでございます」

この朗読台本では、誇張がある。物語の強弱《めりはり》をつけるために、ヤマトヒメが荒ぶる神を和めの祈禱をもって慰撫するかのように鎮めた、としている。『倭姫命世記』には、「夜波《やわ》志志都米《ししずめ》上げ奉りて労《あお》ぎ祀《まつ》りき」とある。これを、「慰撫して鎮めた」と解釈したのだ。あながち間違っていない、と思うが、拡大解釈が含まれていることを明らかにしておきたい。

そこでは、ヤマトヒメの供となり天皇の許《もと》へも派遣されたオオワクゴの助けがあった。天皇も、「伊勢の国は、大若子命の先祖が平定したところである。大若子は、先祖の神威をもって平定せよ」、と詔《のたもう》たのだ。そして、数々の幣《ぬさ》を与えた。この幣は、のちの神道でいうところの祓《はら》い幣《べい》の類《たぐい》であろうか。これも、武力制圧、とまでは読まない方がよい。あくまでも、幣をもっての呪術的な制圧、とみるべきであろう。

ヤマトヒメは、というと、和めの祈禱はするもののオオワクゴの平定を待つ。しかる後に、「五十鈴宮に向うことを得たまう」となるのである。そのことも含めて、ヤマトヒメの「国覓ぎの旅」ではもっとも異常なできごとであった、ということにしておこう。

伊勢国での国覓ぎの仕上げ

伊勢の国に入ったヤマトヒメは、なお慎重に「国覓ぎ」をして巡る。

飯野高宮（現在の松阪市山添町）から櫛田（多気郡の郷名）へ。佐々牟江（多気郡明和町）から伊蘇宮（伊勢市磯町）へ。そして、狭田（度会郡玉城町）、坂手（玉城町のあたりか）、加佐伎（多気郡多気町）から滝原の国（度会郡大紀町）へ。さらに、御船向田の国（所在不明）、二見の御塩浜（伊勢市）、御崎の荒崎（伊勢市）、矢田宮（伊勢市）と巡っているのである。

そこでも、県造（土地の主）に言問い、それに応えて国保伎（国誉め）する。そして、神田の寄進を受ける。

さらに、そこに神社を「定め賜（給）ひき」。つまり、天照大御神を祀る神社を造営するのである。

といっても、天照大御神を唯一絶対とするものではない。これまでもそうであったが、在来の祖神や由来の神々をねんごろに祀ることで、天照大御神（伊勢神宮）の親衛圏を固めていくのだ。それを固めることで、天照大御神を安鎮の宮処に導くことができるのだ。これをもって、国覓ぎの旅の仕上げとなる。

そして、伊勢の国では所どころに天照大御神を祭神として祀る神社を定めてもいくのである。神宮の別宮・摂社・末社は、現在合計一二五社。『倭姫命世記』では、そのすべてをとりあげているわけではないが、その大半は、ヤマトヒメが定めたといえるのである。のちに、その神社の由来ともなる逸話が『倭姫命世記』には多い。

たとえば、伊勢の国に入ったばかりのところで、ヤマトヒメは、次のような体験をする。

「飯野の高宮というところに御行《みゆき》をいたし、四年の間、天照大御神様をお祀りいたしました。

そのところで、髪をすくときに櫛を落としましての、そのゆえんから櫛田という地名を名づけましたのじゃ。その地には、天照大御神様を祀る櫛田《くしだ》社を定めおきました。また、河後《かわじり》に魚《いお》が自然と集まる楽しいところがありましての、ここに魚見《いおみ》の社《やしろ》を造ることになりましたのじゃ」

ヤマトヒメは、櫛を落とした。現代でも、櫛を落とすことを縁起悪し、とする女性がいるだろう。櫛には女性の霊魂が宿る、と言い伝えもしてきた。しかし、櫛は髪《くし》。むしろ、髪の毛の方に霊魂が宿るのであろう。したがって、枝木や箸《はし》の先に髪の毛を結わえて森の中のしかるべき樹木の根元に立て、人知れず祈念をする秘儀も伝わったりしているのである。私は、それを京都や高知の山中で見たことがある。何となく背筋が冷たくなったものだ。

『倭姫命世記』でみるかぎり、ヤマトヒメは、落とした櫛に頓着しない。

なお、現在の松阪市櫛田町に櫛田神社があり、その櫛田社の系譜を伝えている。そこでは、オオワクゴの命（大若子命）、イチキシマヒメの命（市杵島姫命）、クシタマの命（櫛玉命）が祀られているのだ。櫛玉命は、櫛魂命と記してもよいだろう。万物に神霊が宿る、まさにアニミズム（自然信仰）の世界である。八百万《やおよろず》の神にも通じる、日本ならではの神話伝承といってもよいのではあるまいか。

「供の者たちを引き連れて飯野の丘に登りました。そこから五十鈴川が望めますのじゃ。その上流には、緑たおやかな森が望めますのじゃ。まことと神風の伊勢の国、といわれるごとく、ほんに風光がすがすがしく、美しく穏やかな地とみえました。川を船で渡り、佐々牟江《さ さ む え》というところに着きました。ここに宮造りをなし、天照大御神様をお祀りすることにいたしました。海は穏やかで、船もゆるやかに進めることができました」

「ここに、ようやく私《わらわ》の霊感に依《よ》りついて、大御神様がお諭しなされたことでございます。

この神風の伊勢の国こそ、常世《とこよ》の浪がうち寄せる国である。倭《やまと》の傍国《かたくに》をなすに満ちたりた地である。我、この国に居よう、と思う。

そのように仰せになったのでございます。まことに、まことに、うれしいことでございました。」

「常世の浪の重波帰《しきなみよ》する国なり。傍国《かたこく》の可怜《うま》し国なり」（『倭姫命世記』）。天照大御神は、ヤマトヒメにそう夢告げをなさった。それで、大御神の教えにしたがって、五十鈴川の上流に斎宮《いつきのみや》を造営することになった。

「是を磯宮《いそみや》と謂《い》ふ。天照大神、始めて天より降ります処なり」、とある。といっても、現在の神宮（内宮）ではない。磯宮、とある。斎宮《さいぐう》（皇女が天照大御神を拝して籠る宮）が磯宮、と説くむきもある。でもあろうが、のちに伝わる斎宮の遺跡（現在の明和町）とは場所が違いすぎる。地元での比定地とされるのが、磯神社（伊勢市磯町）。その場所が河口にあり、ふさわしくないのでは、という疑問もある。が、それについては、宮川の洪水で流されたため、という説が加わる。まま、それもよし、としよう。比定地が不確かな事例もあるのが当然なのである。

ヤマトヒメは、そこにとどまらなかった。「南の山の末を見給へば、吉き宮処有るべく見ゆ」（『倭姫命世記』）。ヤマトヒメがそうのたもうた、とある。

神風の伊勢の国とはいっても、まだ国の内をつぶさに巡察したわけではない。ヤマトヒメは、ふたたび大御神の御印《みしるし》を仰ぎいただいて、伊勢の国の中で最上の宮処を求めて御行《みゆき》を続けることにした。坂手に御船にと、それらしき斎処《いつぎどころ》に社《やしろ》を造って祀った。

そこから川上へと御行して、滝原、久具《くぐ》などにも宮造りをし、大御神を祀った。神宮の後背地、現在でいう多気《たき》郡から度会《わたらい》郡一帯を巡ったのである。

所どころで、良き宮処がある、と親切に案内をしてくれる者もあった。が、なかなか大御神の御声を聞くことが叶わず、大御神の欲《おぼ》したまう土地には出くわさなかったのである。

「二見《ふたみ》にも御行いたしました。二見の浜に船を着けましたところ、佐見津日女《ひめ》なる者が参りました。言葉をかけても答え申しませんのでいぶかしくも思いましたが、堅塩《かたしお》をもってきてお供えに奉るその姿は、いとおしいものでございました。そこで、そこに堅多《かた》社を定め、その浜を御塩《みしお》浜、そのあたりの山を御塩山と名づけましたのじゃ」

そうした伊勢の国を一巡し、あらためて五十鈴川の河口の入江に着いた。そこから遡《さかのぼ》り、荒崎、鹿見《かのみ》を経て、ようやく家田《いえだ》にたどり着いたのである。

家田は、現在の伊勢市楠部《くすべ》町にあたる。神宮の地にほど近いところである。

「家田の田上《たかみ》の宮に天照大御神様を祀ったとき、度会の大幡主《おおはたぬし》の命《みこと》が御田《おみた》を進《たてまつ》りて申しました。これを、大御神様の朝・夕のお食事をつくりなす稲田にしてほしい、と。まことに広々として蔭るところなき美田でございましたので、これを神田と定めましたのです」

そこには、現在も神宮神田が広がる。そして、五月初旬には御田植初《おたうえはじめ》が、秋には抜穂祭《ぬいぼさい》が厳粛に行なわれているのである。

五十鈴の川上に宮柱太敷立て

「五十鈴の川後《かわじり》の江《ふち》で、櫛玉《くしたま》の命《みこと》、大歳《おおとし》の神、朝熊《あさま》の水の《みなと》神ら地主神《じぬしがみ》らがお供えの御饗《みあえ》を持って参り来たりました。そのなかの一柱《ひとはしら》、猿田彦《さるだびこ》の後裔《まつえい》大田の命《みこと》が、吉き宮処《みやどころ》があります、と申しますのじゃ。

この五十鈴の川上の佐古久志呂《さこくしろ》は、国の中においてもとくに霊妙な地です。霊験新たなる輝きがあります。これこそが畏《かしこ》き天照大御神《あまてらすおおみかみ》様が坐《ま》しましていただけるところ、と言上《ごんじょう》いたそうとしてここでお待ちしておりました。と、答えて申すではございませんか。

大田の命が申す、霊験新たなる輝きが見つかりました。川上に榊の木枝が繁るところ、その奥まったところの土がまことに神々しく光輝いているのです。それは、天《あま》の逆太刀、逆桙《さかほこ》、金の御鈴《みすず》でございました。これぞ、天照大御神様ご自身が、高天原《たかまがはら》から美《よ》き宮処を透視なさいまして投げ降《くだ》せし給いたる神宝《おたから》に相違ございませなんだ。

豊葦原《とよあしはら》の瑞穂《みずほ》の地でもとりわけ神風の伊勢の国、その内でもとりわけ佐古久志呂の地は、他に違《たご》うことなく極上の霊地なり。まさしく、霊《く》しくも美しき宮処なり。と、このことを朝廷にご報告申しあげました。

ようように、大御神様安く静けくご鎮座の奥津宮処が定まりましたのでございます」

「さっそくに大幡主《おおはたぬし》の命《みこと》（大若子命）、物部八十友緒《ものべやそともお》の人たちを集めて命じました。斎斧《いみおの》をもって遠き山や近き山に立つ材《き》を伐りとって、その元と末をば山の神に奉り、中ほどをもちて斎柱《いつきばしら》を建てよ、とな。そうなのでございます。これが、この地上での天照大御神様のお姿である御鏡《みかがみ》を依《よ》り掛けまする芯《しん》の御柱《みはしら》に相違ございません。芯の御柱は、天《あま》の御柱ともいいまするが、の。

古く神を祀るには、この柱立てが大事なのでございます。御柱《みはしら》とも御柱《おんばしら》ともいいまするが、これが今日の神籬《ひもろぎ》や幟《のぼり》立てにも通じる、とご承知いただいてもよろしいでしょう。神は、まずは御柱に降り給い、鎮まり給うのです。

御柱を囲うかたちで底津《そこつ》磐根《いわね》に太柱を敷立てて、高天原にとどくばかりに千木《ちぎ》をば高くそそり立てて、宮造りが進みました。あわせて、荒魂《あらたま》の宮や和魂《にぎたま》の宮も建て進められましたのじゃ。

まこと、そうなのでございます。これこそを永遠《とわ》の常宮《とこみや》と申すのでございます。

あらためて、天照大御神様が、私の夢枕《わらわ》にお立ちになりました。

昔《いにしえ》、高天原にあって見求めていた地上の常宮処《とこみやどころ》は、このところである。ここに鎮まりて、行く末長く瑞穂《みずほ》の国を守ろうぞ、あなうれし。と、かたじけなくもお諭《さと》しくだされたのでございます」


ここでヤマトヒメの旅は、最後の山場《やまば》をむかえる。

天照大御神を安鎮するにふさわしい場所が求め得られたのである。

ここで、大きな役割を果たすのが、「猨田彦神《さるたひこのかみ》の裔宇治土公《はつこうじのつちきみ》が祖《おや》大田命」（『倭姫命世記』）である。『神道大辞典』では、「猿田彦神の末裔とも、猿田彦神の別名ともいう」、とある。内宮の前方に猿田彦神社があるが、その由緒で、内宮より古く在る、と誇るゆえんがここにある。

ヤマトヒメは、五十鈴《いすず》の河上の「霊《く》しき地」に光り輝くところがある、とサルダビコ（猿田彦）の直系大田の命《みこと》に案内される。そこに、天照大御神が上天《あま》（高天原）より投げ降したところの天《あま》の逆太刀《さかたち》と逆鉾《さかほこ》・金の鈴の三種の神器があった。これにより、「惟昔《そのむかし》、大神誓願《うけひ》給うた（中略）美《よ》き宮処」（『倭姫命世記』）、と相なるのだ。

なお、この三種の神器については、『伊賀国風土記』などの先行文献の流用、盗用である、との批判もある。『倭姫命世記』そのものが偽書とするところでは、各所で信憑性が問われることになる。が、ここでは、よくできた話、とする。少なくとも、ヤマトヒメに責任はないだろう。ヤマトヒメとすれば、三種の神器はともかくとして、もっとも妥当な大神の夢告によってその地を定めたに相違ないのである。

興味深いのは、その宮造りのようすである。とくに、その柱立てに注目したい。『倭姫命世記』では、次のようにいう。

「遠き山近き山の大狭小狭《おおかいこかい》に立つ材を、斎部《いむべ》の斎斧《いつきのおの》を以て伐り採りて、本末《もとすえ》をば山祇《やまつみ》に祭り奉りて、中間《なから》を持て出で来りて、斎鉏《いみすき》を以て斎柱《いみばしら》を立てる」

山祇《やまつみ》とは、山の神のこと。材木の中間を持ち出すので、根元と枝先は山の神にお返しして祀る、と読めばよいだろう。そして、その中間の材で斎柱《いみばしら》を立てる。

ここに、小文字の注が加わっている。「一名は天御柱《あまのみはしら》、一名は心御柱《しんのみはしら》」。これは、伊勢神宮の社殿の基をなす記録である。天の御柱という呼称よりも、心の御柱を語り伝える。心の御柱立て神事、というがごとくになのである。

二〇年ごとの式年遷宮（直近では、平成二六年に行なわれた）のときに、その古式がよみがえる。その材を伐採する山で、山の神を祀る。はじめに「山口祭」。続いて「木本祭《このもとさい》」

「御杣始祭《みそまはじめ》」があり、「樹木伐採式」がある。そして、「御木曳《おきひき》」（川曳き）ではじめに運ばれるのがこの心の御柱である。もちろん、立てるのもその御柱が最初に立てられる。

心の御柱の丈は、五尺（一五一・五センチ）とか。立てるとはいっても、ほぼ三分の二は土の中に埋められる。

地上に出るのは、半間《はんげん》ほど。建物を支える柱ではないのである。

御正殿《ごしょうでん》という社殿は、その上に建つ。御柱は、床の下に隠れるのだ。

そこで、御正殿の内での祭員を揃えての神事がない理由がわかる。御神体といってもよい御柱の上を人が動くわけにはいかない。社殿の内に入れるのは、天皇と大宮司だけだ、とか。それも、神事を執り行なうのではなくて、伺候《しこう》なさっているのだろう。

もちろん、この御柱は、外から見ることはできない。だが、建物以前の神霊が柱に宿るという信仰を伝えるものであろうことは、想像にかたくないのである。

なお、古殿地《こでんち》という空き地が社殿の隣にある。次の遷宮では、ここに新社殿が建つのだ。古殿地の、やや奥まったところの地面に小さな屋根がみえる。それは、柱穴を覆う屋根なのである。そのことからしても、真柱の「柱立て」と「柱穴」がいかに大事で神聖なことであるかが容易に連想されるであろう。

かくしてヤマトヒメは、後世の式年遷宮につながる五十鈴の宮（内宮）の建造の指揮をとるのである。

『倭姫命世記』では、ヤマトヒメが天照大御神を祝福して、こう結ぶ。

「朝日の来向う国、夕日の来向う国、浪の音聞えざる国、風の音聞えざる国、弓矢鞆《ゆみやがら》の音聞えざる国、（中略）敷浪七保《しきなみななほ》の国の吉《よ》き国、神風の伊勢の国の百《もも》伝う渡会《わたらい》の県《あがた》の折久志《さくし》呂五十鈴《ろいすず》の宮に鎮り定り給《たま》へ」

たしかに、これ以上によろしき地はございません。どうぞ、安く永く鎮まりましませ。

と、「国保伎《くにほぎ》」（この場合は、ところを誉め、大御神を讃える）をしたのである。

ヤマトヒメの三十余年にわたっての旅は、ひとまずこれで大団円となるのである。

私の朗読台本では、こう結んだ。

「これをもちまして、私《わらわ》の御杖代《みつえしろ》としてのお役目も無事に納めることが叶いましたのじゃ。めでたし、めでたし……、でございます。

何と仰せられますやら、その後の私でございますか、の。いかにも、そうでございます。斎宮《さいぐう》に住《す》まいいたし斎《いつ》き主として、神宮の祭祀《さいし》をつとめさせていただきましたのです。天皇の皇女がつとめるその斎宮制度は、後の後醍醐《ごだいご》天皇の御世《みよ》まで続きましたのでございます。現在《いま》は、私も別に宮処をいただきましての、倭姫宮《やまとひめのみや》に鎮まってございます。

倭姫宮——伊勢神宮（内宮）の別宮で、静かにたたずむ

伊勢にお越しの節は、ぜひお立ち寄りもくださいませ。また、むかし話もいたしましょう、ぞ。ホッ、ホ、ホ、ホ、ホ」

なお、この倭姫宮は、長く祀られてなかった。ヤマトヒメの存在も、一般には長く知られていなかった。大正一二（一九二三）年、地元の有志たちが立ちあがり、ヤマトヒメを顕彰すべく神社を創建したのである。現在は、伊勢神宮（内宮）の別宮となっている。

なぜ、それまで祀られなかったのか。ここでは、それは問わないことにしよう。

樹木に囲まれた静けき倭姫宮である。

贄所を定め祭式を定め

ここでも、余話を加えることになる。

『倭姫命世記』は、ここで終わらないのだ。御饌《みけ》・御贄《みにえ》・祓《はらえ》の法・三節の祭など、のちの伊勢神宮での祭事に重要な「種々のことを定め給ふ」のである。

それだけを読むと、神宮の事はじめには、いかにもヤマトヒメが関与したかのようにとらえられがちである。が、すでに『皇太神宮儀式帳』（平安時代初期）にほとんど同じような内容があるので、その流用である、とする説が固い（和田嘉寿男『倭姫命世記注釈』他）。そして、すでに江戸時代から、「信従スルに足リズ」（御巫清直《みかなぎきよなお》『大神宮本記帰正鈔』）とされてきた。が、かといって、まったく無視するわけにもいくまい。

たしかに、それまでのヤマトヒメの「国覓《くにま》ぎ」の旅でみる、その土地土地と地場勢力に対する臨場感のような描写はここではみられない。わかりやすくいうと、箇条書での報告文のかたちなのである。なぜ、加えられているのか。ヤマトヒメの功績をより高めるためには相違あるまいが、それにしても、少々安直な流用なのである。

それをことわった上で、以下、いくつかの事例を書き出しておこう。

「倭姫命、御船に乗り給ひ、御膳《みけ》御贄《みにえ》の処を定め給ふ」

ここでの御膳は、御饌と記した方がわかりやすい。調理した供えもの、熟饌《じゆくせん》とみてよかろう。伊勢神宮での、現在にも伝わる「日毎朝夕大御饌《ひごとあさゆうおおみけ》」に相当する。それは膳（白木《しらき》の膳）に盛られているのである。

それに対して、御贄は、生饌《せいせん》とする。祭礼のたびに供えられるもので、米（玄米と白米）、酒（白酒《しろき》と黒酒《くろき》など）、海産物、山菜類、野菜類、果実類などがある。現在に伝わるかたちでは、三方《さんぼう》に盛られるのが一般的である。

それで、ヤマトヒメは、船を南下させて志摩半島（志摩市）の国崎《くざき》、戸嶋《とざき》、志波崎《しわさき》などを贄所《にえしよ》（御贄の供給地）と定めていくのだ。

「然《しか》して、倭姫命御船を留めたまうに、鮨《はた》の広魚《ひろもの》狭魚《さもの》、貝津物《かいつもの》、奥津《おきつ》毛《も》辺津《へつ》毛《も》が依《よ》りきたりき」

大きな魚・小さな魚、貝のいろいろ、海草のいろいろが寄ってきた、というのだ。それで、所々の浦の名を付け、「御饗《みあえ》仕へ奉る神を淡海子《あふみこ》と号《つ》けて社《やしろ》を定め給ひき」、というのだ。ここでは、神が御饗（御贄）を調達してくれた、とあるが、これは、地場の有力者を讃えてのことだろう。

どこでも、争いごとはないのである。

伊雑《いざわ》(志摩市磯部町)の方上《かみがた》の葦原《あしはら》のなかに、稲一基《ひともと》(一株)があった。その稲を白い真名鶴が咋《くわ》えて巡りながら鳴いていた。ヤマトヒメは、「事問わん鳥すら、田を作りて皇《すめ》大神《おおかみ》に奉らんとしている」、と感心してのたもうた。それが、神宮における懸久真《かけくま》(稲穂掛けの供えもの)のはじめとなり、その稲(米)で乙姫《おとひめ》に醸《かも》させた清酒が御饌《みけ》のはじめとなった。

そのところに宮造りをしたのが、伊雑宮《いざわのみや》。皇大神宮(伊勢神宮)の摂社である。また、かの真名鶴を大歳《おおとし》の神と称して、祝い祀ることにもした、とある。

そうした贄所を設定することで、伊勢神宮の神境が明らかになる。ヤマトヒメが「神堺を定め給ひき」、ともあるのだ。

また、ヤマトヒメは、「祓い」の法も定めた、とする。

まず、「天津罪《あまつつみ》」を敷蒔《しきまき》(種子を重ね蒔く)・畔放《あぜはなち》(田の畔を壊す)・溝埋《みぞうめ》(田の溝を埋める)・樋放《ひはなち》(池などの樋を抜いて水を流す)・串刺《くしざし》(田に串を立てて怪我をさせる)などとする。いずれも、稲作を妨害することで、これを重罪としたのだ。他に、生剝《いけはぎ》・逆剝《さかはぎ》・屎戸《くそへ》などの禁忌《タブー》などもここに加えている。

そして、「国津罪《くにつつみ》」に、生秦断《いきはだだち》(肌を傷つけた血の穢《けが》れ)・死秦断《しはだだち》(屍《しかばね》を傷つけた穢れ)・母犯せる罪・子犯せる罪・畜犯せる罪などが連なる。

その天つ罪、国つ罪を防ぎ清めるためには、「天津祝詞《あまつのりと》の太祝詞事《ふとのりとごと》を宣《の》れ」。つまり、天つ神、国つ神を拝《おろが》み奉りて罪穢《つみけがれ》を祓うこと、とヤマトヒメはのたもうたのである。

それはともかくとして、現在でも神社での日常的な神事の基本は、このことにあるのだ。神職は、「天津祝詞」と「大祓の詞《おおはらえことば》」を奏上して、天つ罪・国つ罪をはじめて諸々《もろもろ》の禍事《まがごと》を「祓え給え」「清め給え」、と祈願するのである。

「事無《ことな》く、恙無《つつがな》く」、とは、私たち誰もが日々願うことでもある。宗教的な習慣ではない。自然に派生する心情にほかならぬであろう。それを詞《ことば》にして祓うことを、ここでヤマトヒメが説いているのである。

最後には、「倭姫薨去《こうきょ》」の項がある（あとは、「一書に曰く」、とことわっての付記がある）。

そこに、遺言に相当する言葉があるのだ。

「（前略）天を尊び地に事《つか》へ、神を崇《あが》め祖を敬へば、（中略）月日は四洲を廻り、六合《くにのうち》を照らすといへども、すべからず正直の頂を照らすべし」

そう告げて、「自ら尾上山の嶺に退きて石隠れ坐《ま》しき」、とある。

なお、その尾上《おのえ》（伊勢市）の近くにある尾部《おのべ》古墳（宇治山田陵）がヤマトヒメの御陵とされている（宮内庁管理）。

「倭姫宮も造っていただいておりますがの、ここが本拠でございますれば、こちらにもお運びくださいませよ、ホッ、ホ、ホ、ホ……」

ヤマトヒメの涼やかな声がまた聞こえてきそうである。

第五章　倭建命の旅

ヤマトタケルの命《みこと》（『古事記』の表記は倭建命、『日本書紀』では日本武尊、以下ヤマトタケル）――日本の神話に登場する神のなかでも、もっともよく知られる神といっても過言ではあるまい。

それは、スーパー歌舞伎で「ヤマトタケル」が上演され人気を博したこともひとつの要因であろうか。ちなみに、スーパー歌舞伎「ヤマトタケル」は、哲学者梅原猛が三代目市川猿之助（現・猿翁）のために書き下ろしたもので、昭和六一（一九八六）年に猿之助自身の演出によって初演された。そこでは、ヤマトタケルの波乱に満ちた半生を壮大な構想で独創的に描いていており、初演後には大旋風を巻き起こしたものだ。現在も、四代目猿之助が演じ続けている。

さて、ヤマトタケルの生涯は、『古事記』の「中つ巻」（神代と人代を結ぶと位置づけられる）に収められている。神武天皇が造った国にほころびがみえはじめた時代の話。そこでのヤマトタケルの活躍は、一部に神話の要素も残しているが、全体としては、じつに人くさくもある。少年時の弱さや危うさ、そして、成功を重ねていくにつれて生じる青年のおごりや昂《たかぶ》り。父景行《けいこう》天皇には逆らえないが、鬱憤《うっぷん》はたまる。そして、困ったときには叔母や比売《ひめ》（毘売《びめ》とも）たちの母性に頼り、救われもする。猛々《たけだけ》しくもあり、涙もろくもある。

人代における人間味を十分に感じさせてくれるのである。

一般には、ヤマトタケルの武勇を英雄視する。もちろん、それは、そのとおりである。『古事記』でも、その出自の紹介で「小碓《おうす》の命《みこと》（ヤマトタケル）は、東西の荒ぶる神、または伏《まつろ》わぬ人等を平《ことむ》けたまひき」、とある。

しかし、以後に書かれている彼の言動から精神分析をはかるならば、父景行天皇に対しての極端なエディプス・コンプレックスとその反動ともいえる母性に対する極端なアドレイション（崇拝、これもある種のコンプレックス）が共存する、ということになるだろうか。たとえば、精神科医で心理学者の小田晋《すすむ》は、それゆえに、「ヤマトタケルはマゾヒスティックなヒーローだった」、としているのだ（『サイコロジー人物日本史　上巻』）。コンプレックスを時にもてあましながら、それに酔いしれてもいる自己愛の強い勇者。ヤマトタケルの側面には相違あるまい。それゆえに、魅力的でもあるのだ。

しかし、ヤマトタケルの生涯は、野望を抱き夢を追った末に迎える悲劇的な終焉《しゅうえん》、と、あまりに壮絶で劇的なのである。

若くして策略発揮の西征行

あるとき、父である景行天皇（第一二代）がオウスの命《みこと》（小碓命＝のちのヤマトタケル。しかし、煩瑣になるので、以下ヤマトタケルで通す）に言った。

「どうしても汝《な》の兄は、朝夕《あしたゆうべ》の大御食《おおみけ》に参出《まいい》でこざる。汝《な》、丁寧に教へ諭《さと》してやれ」

兄であるオオウスの命《みこと》（大碓命、以下オオウス）が食事にでてこないことをとがめて、ヤマトタケルに説教をするように命じたのである。

しかし、その後五日たってもオオウスはいっこうに出てこない。

不信に思った景行天皇がヤマトタケルに問いただしたところ、「既《すで》にねぎつ」（処理した）、と申した。それでは、どのようにしたのか、と天皇が重ねて聞くと、「朝曙《あさけ》に廁《かわや》に入りし時、待ち捕らへ搤《つか》み批《ひし》ぎて、その枝を引き闕《か》き、薦《こも》に裹《つつ》み投げ棄《う》てつ」、というではないか。手足（その枝）をもぎとり、薦に包んで投げ捨てた、と。その我が子の「建《たけ》く荒き情《こころ》」に、天皇は大きな恐れをもつ。そして、御子《みこ》にこう命じた。

「西の方に熊曾建《くまそたける》二人有り。これ伏《まつろ》はず、礼無《いやな》き人等《ひとども》ぞ。故《ゆえに》、その人等を征伐してこい」

ヤマトタケルは、こうして西征に赴くことになったのである。

ただ、この「兄殺し」については、『古事記』に書かれたもので、『日本書紀』には見当たらない。『日本書紀』でのオオウスは、西征から帰還したヤマトタケルに東征に同行するように言われ、逃げ隠れてしまう臆病な人物として描かれているのだ。のちに編じられた『日本書紀』では、概して、近親間での殺戮《さつりく》にまでは及ばないよう修筆する傾向がある。ここでは、あくまでも『古事記』を原本《もと》にものがたりを追っている。

さて、クマソタケル（熊曾建）の討伐を命じられたヤマトタケルは、意外な行動に出た。

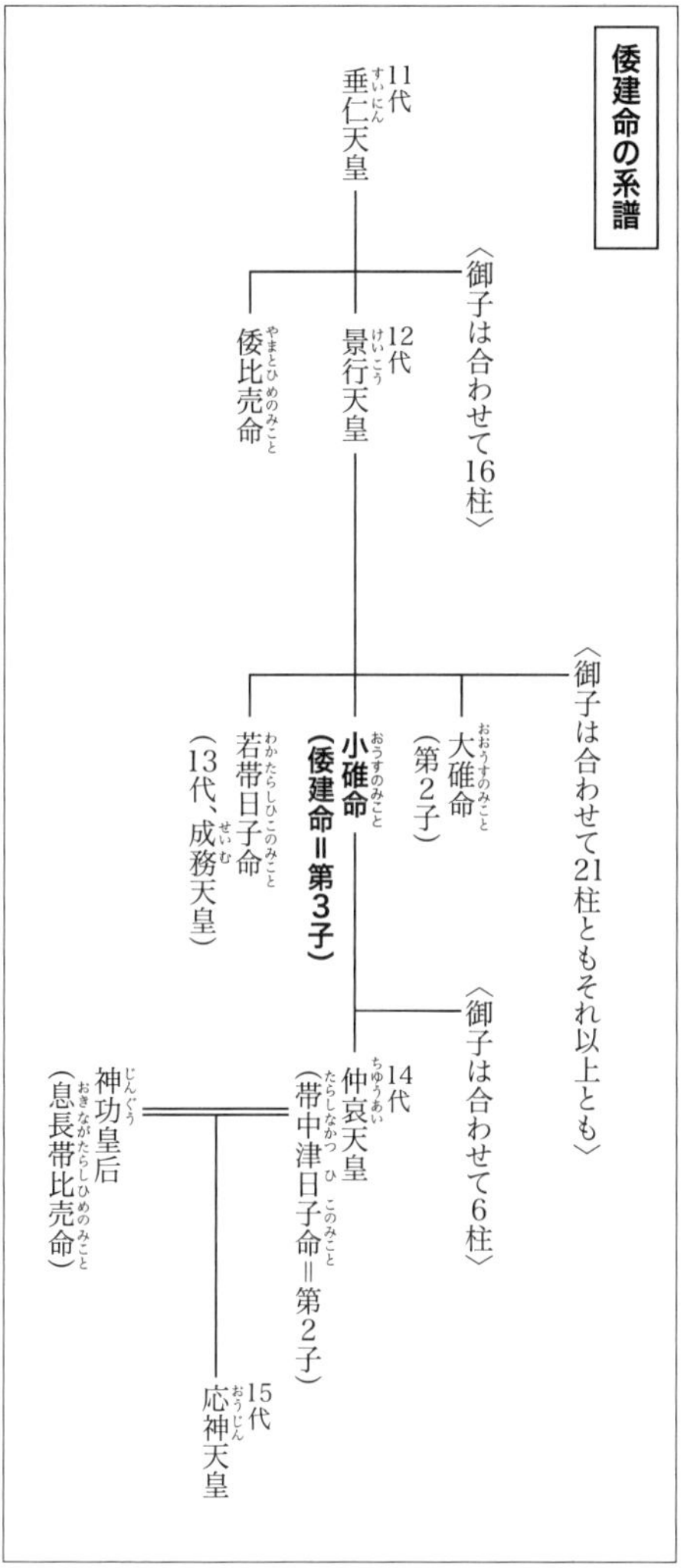

「その髪を額に結《ゆ》ひいたまひき。しかして小碓《おうす》の命《みこと》、姨《おば》である倭比売《やまとひめ》の命《みこと》の御衣《みそ》・御裳《みも》を給《たま》はりて、劒《つるぎ》を懐に納《い》れて行でましき」

そのとき、ヤマトタケル、まだ一六歳。髪を額に結う少年であった。その姿で、伊勢で天照大御神《あまてらすおおみかみ》の御杖代《みつえしろ》をつとめる叔母のヤマトヒメの命《みこと》（倭比売命。倭姫とも。以下ヤマトヒメ）の許《もと》に出向いたのだろう。そこで、ヤマトヒメの衣裳をいただき、剣を懐中に入れて、西への旅に出たのである。天照大御神に仕えるヤマトヒメから神威を得ようとしたのであれば、そこには、少年の初々しさが感じられもするのだ。

これからヤマトタケルが討伐に向かうクマソ一族は、一般には、肥後国球磨《くま》郡（熊本県）と大隅《おおすみ》国贈於《そお》（鹿児島県）一帯で勢力を誇っていた、と語り伝えられる。また、ヤマトタケルが討った地は、鹿児島県霧島市の妙見《みようけん》温泉あたり、と比定されてもいる。現在《いま》、苔むした岩肌に「熊襲（曾）の穴」なる場所がある。看板には、「昔、熊襲族が居住していた穴で、熊襲の首領、川上梟師《かわかみたける》が女装した日本武尊に誅殺されたところ」と記されている。

カワカミタケルとは、クマソタケルのこと。その館を『古事記』では、「其の家の辺《ほとり》に、軍《いくさ》三重《みえ》に囲み、室《むろ》を造りて居《お》りき」という。周囲に軍勢を三重に配した岩窟（室）を本拠とする、ということだろう。

絵馬に描かれた熊曾討伐（香川県白鳥神社）

容易に攻め落とせないと感じたヤマトタケルは、一案を講じる。その室の落成祝いの宴が催されるときを待ち、ヤマトヒメから授かった衣服で童女に変装してそこに入り込もうというのだ。

首尾よく女人のなかに混じることができたヤマトタケルは、クマソタケル兄弟に近づいた。

その愛らしい姿にすっかり心ひかれた兄弟は、二人の間にヤマトタケルを座らせて酒盛りを続けた。その油断をヤマトタケルは見逃さなかった。

「その酣《たけなわ》なる時に臨《いど》み、懐《ふところ》より劒《つるぎ》を出し、熊曾が衣《ころも》の衿《くび》を取りて、劒をその胸より刺し通したまう」

兄を討たれた弟神は、驚いて逃げ出したが、すぐに階段の下で捕らえられてしまう。そして、「その背皮《せびら》を取りて、劒を尻より刺し通したまふ」。兄弟がともに、あまりに残忍な方法で殺害されたのである。それを、情けをはさまない武神たるにふさわしい戦い方と評するむきもあろう。そのとおりだろうが、それにしても、だ。もし、クマソタケルに子孫があったならば、どうなるだろうか。

ここで、はじめて「ヤマトタケル」という名前がでてくる。その経緯《いきさつ》はこうである。ヤマトタケルの剣に貫かれながらも、弟神は「汝命《いましみこと》は誰ぞ」、と問うた。ヤマトタケルは、「大八島《おおやしま》国を治める天皇の御子《みこ》」、と答え、天皇に伏《まつろ》わぬクマソ兄弟の討伐に遣わされた、と告げた。

瀕死の弟神は、「西の方には吾《あ》ら二人を除き、建《たけ》く強き人無し。然《しか》るに、大倭《おおやまと》国に、吾《あ》ら二人に益《ま》して建き男坐《ま》しけり」、といい、ヤマトタケルの強さを認めて、こう切り出したのだ。

「これをもちて、吾《あ》、御名を献《たてまつ》らむ。今より後は、倭建御子《やまとたけるのみこ》と称《たた》ふべし」

クマソの弟神は、死する直前に、相手を讃《たた》え、その名を贈ったのである。

にもかかわらず、ヤマトタケルは、その弟クマソを、まるで熟した瓜を叩《たた》き割るがごと

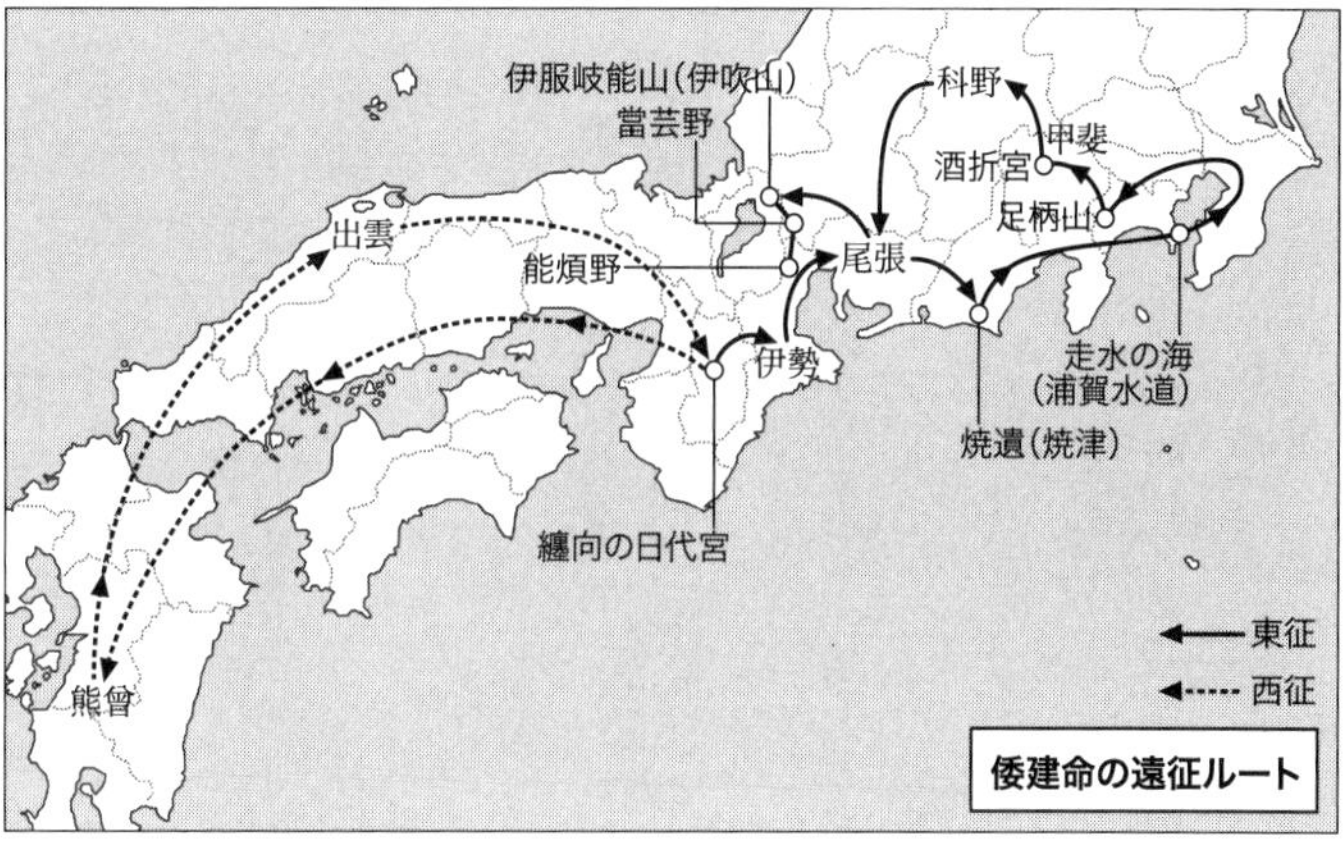

倭建命の遠征ルート

くに殺害したことであった。

その後、『古事記』では、「倭建命」の表記で通されている。タケルには、猛々しいという意味があるが、ここでは、その表記のごとく、倭《やまと》（大和）なる国を建てる（国を固める）命《みこと》、としておこう。

九州のクマソ討伐に成功したヤマトタケルは、倭への帰路につく。『古事記』には、「然《しか》して還《かえ》り上ります時に、山の神、河の神と穴戸《あなと》の神をみな言向《ことむ》け和《やわ》して参上《まいのぼ》りたまひき」、とある。殊勝なことだが、ただの信仰とみない方がよい。倭への帰途、山の神、河の神、穴戸の神なる地場勢力を交渉で平定した、とみるのがよかろう。

ちなみに、穴戸の神平定伝説の残る穴門《あなと》山《やま》神社は、岡山県倉敷市真備町にある。主祭神は、アナトタケヒメ（穴門武媛）。ヤマトタケルの后《きさき》のひとりともされる。そのアナトタケヒメが父のキビノタケヒコ（吉備臣建日子。正式名は、若日子建吉備津日子命《わかひこたけきびつひこのみこと》）とともに、ヤマトタケルに荒ぶる穴戸の神の討伐を頼んだ、とも伝わる。

キビノタケヒコは、七代孝霊天皇の御子で、鬼神温羅《うら》を退治して吉備を平定したキビツヒコの命《みこと》（大吉備津日子命）の御子である。とすれば、時代に少々隔たりがある。しかし、それは問うまい。キビノタケヒコは、その後も続く海賊の悪事をおさえきれず、ヤマトタケルに助けを求めた、とされるのだ。

荒ぶる穴戸の神は、海峡に塞《さわ》ります神でもあった。それを倒したヤマトタケルは、吉備から北上し出雲の国に入る。

その時代の出雲の国は、葦原《あしはら》の中津国。日本海の制海権をも握り、沿岸一帯に一大勢力を誇っていた。

その出雲の勢力を語る上で見逃せないのがオオクニヌシの神（大国主神、以下オオクニヌシ）である。『古事記』には、最初に国づくりを成し、天照大御神に国譲りをした神、と記されている。オオクニヌシの国づくりは、各地の女神と結ばれることで成された。その範囲は、東は高志《こし》（越の国）から西は宗像《むなかた》（筑紫）にまで及んだ、とある（第一章参照）。

ヤマトタケルの時代、その出雲の国の支配者がイズモタケル（出雲建）であった。倭にとっては、なお脅威であっただろうことは、いうをまたない。

「出雲建《いずもたける》を殺さむと欲《おも》ひて到りまして、すなはち友と結《な》りたまひき」

出雲の権力者であるイズモタケルを殺すために、まずは親しい友人になった、というのである。

そんなある日のこと、ヤマトタケルは、イズモタケルを水浴びに誘った。そこは、出雲平野を流れ宍道湖《しんじこ》にそそぐ斐伊川《ひいがわ》。先に上がったヤマトタケルは、イズモタケルがそこに置いていた太刀（『古事記』では横刀）を取り、「刀を換《か》えん」、ともちかけた。それで刀合わせをしよう、と。だが、ヤマトタケルがイズモタケルに渡した刀は、赤檮《いちい》で作った木刀であった。イズモタケルが、太刀を抜けなかったことは、いうまでもない。あわてるイズモタケルを、ヤマトタケルは、ためらうことなく切り殺したのである。

やつめさす　出雲建が佩《は》ける刀《たち》　黒葛多纏《つづらさはま》き　さ身無しにあはれ

ヤマトタケルはそう詠った。出雲の支配者の太刀なのに、蔓ばかり幾重にも巻く飾り鞘《さや》で刀身がなく（それは、ヤマトタケルが秘かに赤檮＝櫟《いちい》の木で模造した刀）、たわいもないことよ、と。ヤマトタケルは、ここでも冷酷で、死した相手をあざ笑うのであった。

ヤマトタケルは、こうして西征の旅を成功させた。

比売たちの支援を受けての東征行

倭《やまと》（大和）に戻ったヤマトタケルは、父天皇に西征の成果、すなわちクマソタケル兄弟とイズモタケルを討ったことを報告した。

それに対して、景行天皇は、無情にもすぐさまこう命じたのである。

「東の方十二道《とおまりふたみち》の荒ぶる神と伏《まつろ》はぬ人等《ひとども》を、言向け和平《やわ》せ」

東の方十二道とは、ヤマトからみた東方諸国で、一般には尾張の東から陸奥《むつ》（現在の福島県・宮城県・岩手県・青森県）までを指す。その広い地域の荒ぶる神と服従していない民を従わせ平定せよ、というのだ。

景行天皇は、その東征に吉備の臣等が祖《おや》ミスキトモミミタケヒコ（御鉏友耳建日子）を副将として付けた。さらに、王権の象徴とされる杠谷樹《ひいらぎ》（柊）の木で作った八千矛《やちほこ》を与えた。これは、呪具でもあっただろう。

そのほかにも、何人《なんびと》かが従軍したはずだが、『古事記』では明らかではない（『日本書紀』では、複数の名前が出る）。

当時の東方諸国は、国に司《つかさ》はおらず、村に長《おさ》はおらず、国境や村境を奪い合っては互いに略奪をくり返すところであった、とみてよかろう。むろん、倭（大和）の権勢下にはない。「其の東夷《あずまえびす》は、識性暴強《こわ》く」とは、『日本書紀』での表現だが、倭からみれば、無法地帯にも等しい蛮地、ということになるだろう。

前章で、ヤマトヒメの「国覓《くにま》ぎ」の旅をとりあげたが、それは、伊賀・甲賀・美濃・尾張を巡り、伊勢を天照大御神《あまてらすおおみかみ》の宮処《みやどころ》と定めるものであった。つまり、当時は、その範囲が倭に集権されたにすぎない。倭を大倭と呼ぶには、まだ小規模な国覓ぎだった。九州もそうであったが、次に、前述のようにヤマトタケルが九州や出雲を平定した。比していうなれば、まだ中規模な国覓ぎであった。

美濃・尾張より東方の諸国は、なお荒ぶる勢力が割拠する未開の地であった。そこへ、ヤマトタケルは遣わされたのである。東方諸国の勢力を征圧して朝廷に集権することがその使命であったことは、いうをまたない。

日本最古の道とされる「山の辺の道」の近くに立つ伊射奈岐《いざなぎ》神社（奈良県天理市）には、東征に出るヤマトタケルの伝承が残る。

そのあたりは、ヤマトタケルが幼少期を過ごしたところともされるので、そこで無事を祈願して東征に旅立ったのは、さほど荒唐無稽《むけい》なことではあるまい。オトタチバナヒメの命（弟橘比売命、以下オトタチバナヒメ）を后《きさき》に迎えて間もなかったヤマトタケルは、伊射奈岐神社に戦勝祈願をして、さらに伊勢へ出立した。

伊勢には、景行天皇の妹、つまり叔母にあたるヤマトヒメがいる。西征のときにも立ち寄り、ヤマトヒメから衣裳と剣を授かっていた。

再び叔母と会ったヤマトタケルは、父天皇に対する不満を吐露するのである。

「(天皇)なお吾《あ》に死ねと思ほしめすなり」

そして、西征から戻ってからどれほどの時も経ずして東征を命じられたが、まともな軍衆《いくさびとども》も与えてもらえてない、と嘆いた。「吾に死ねと」、と重ねて父天皇の真意を疑うのであった。

嘆き泣くヤマトタケルに、ヤマトヒメは、草薙《くさなぎ》の剣《たち》を授ける。さらに、御嚢《みふくろ》も与えて、「もし急の事有らば、この嚢の口を解きたまへ」、と教えたものだ。

思えば、西征のときも、ヤマトヒメは、自分の衣裳を与えた。それが、女装してクマソ兄弟の宴に入り込むという策略をヤマトタケルに思いつかせたのである。

ヤマトタケルにとって、ヤマトヒメは、もっとも心休まる存在であったに相違ない。その母性に幼児が甘えるごとくに頼ってもいた。それに対してヤマトヒメは、そのつど呪術的な教示を与え、ヤマトタケルを救ったのである。それに、「国覓ぎ」と「西征」「東征」という言葉を同意語とすれば、ヤマトヒメは、ヤマトタケルの先輩格である。戦略的な助言者としてもふさわしい存在であった。

なお、東征にあたりヤマトヒメが与えた剣は、スサノヲの命《みこと》（須佐之男命）が退治した八岐《やまた》の大蛇《おろち》の体内から見つけ、命が姉の天照大御神に献上したもの、ともされる。一説には、天照大御神は、それを地上界に降臨するニニギの命《みこと》（邇々芸命）に鏡や勾玉《まがたま》とともに与えた、とも伝わる。それがヤマトヒメの下《もと》になぜあったか、と疑問も残る。神話をつないでの世界、そういうものかと想像をたくましくするしかあるまい。

ヤマトタケルは、尾張へと北上する。


「尾張国に到りて、尾張の国 造《くにのみやつこ》が祖、美夜受比売《みやずひめ》の家に入り坐《ま》しき」


『古事記』では、ヤマトタケルの東征のはじまりをそう記している。

ミヤズヒメ（美夜受比売）の家については、『熱田神宮宮記』に、「吾湯市《あゆち》の火上《ひかみ》の里にあった国造乎止與命《おとよのみこと》の館」、とある。現在の名古屋市緑区大高町の氷上姉子《ひかみあねご》神社（熱田神宮摂社）の付近である。

ちなみに、オトヨの命《みこと》（乎止與命、以下オトヨ）は、天照大御神の御子《みこ》アメノオシホミミの命《みこと》（天忍穂耳命）の子であるアメノホアカリの命《みこと》（天火明命）から数えて十一代目にあたる。倭の葛城《かづらき》郡高尾張邑《はりのむら》を本拠としていたが、尾張の国づくりを命じられて赴いた、と伝わる。そのオトヨの娘がミヤズヒメである。

ヤマトヒメの国覓ぎによって、すでに尾張までは大和朝廷の勢力圏であった。ヤマトタケルは、そこを治める当主の館に落ち着いたのだ。実質的な東征の旅は、そこからはじまるのである。

ところが、ヤマトタケルは、これから戦いに向かうにはふさわしくない激情をミヤズヒメに対して抱くのだ。

「婚《まぐわ》いせんと思ほししかども、また還《かえ》り上《のぼ》らん時に婚いせんと思ほして、期《ちぎ》り定めて、東《あずま》の国に幸《い》でまし」

ミヤズヒメと結婚しようと思ったが、東征を成して都に凱旋《がいせん》するときにすればよいか、と思い直し、約束だけ交わして東へと向かったのである。

駿河と相模での受難

尾張を出たヤマトタケルは、荒々しい神と服従しない人びとを「言向け和平《やわ》したまひき」（言葉で手なずけ平定した）。そして、相武《さがむ》（相模）の国まで進んでいく。

『古事記』には、尾張から相模までの道中の記事はない。しかし、各地にヤマトタケルにちなんだ伝説が残っている。たとえば、岡崎市の矢作《やはぎ》神社にはヤマトタケルの銅像が建っている。そこでは、この地でヤマトタケルが賊を撃つための矢を作らせたことが地名の由来、と説く。また、菅生《すごう》神社（岡崎市）では、ヤマトタケルが賊を撃った矢が御霊代《みたましろ》として仰ぎ祀られている、という。その他にも、ヤマトタケルの足跡にちなんだ地名伝説がある。それも、大いにありうること、としておこう。

相武国では、苦難が待ち受けていた。

「相武国に到ります時に、その国 造《くにのみやつこ》、詐《いつわ》りて白《まお》さく、〈この野の中に大きな沼有り。この沼の中に住める神、いと道速振《ちはやぶ》る神なり〉」

野のなかの沼に凶暴な神がいる、と聞いたヤマトタケルは野に入った。すると、その国造は野に火を放ったのである。

火攻めにあい絶体絶命の危機に陥ったヤマトタケルは、ヤマトヒメからもらった嚢《ふくろ》を開き、そこに火打石を見つけた。

まず、太刀をもって草を苅《か》りはらった。それで、火除地《ひよけち》（逃げ道）をつくったのだ。

「その火打もちて火を打ち出でて、向火《むかいび》を付けて焼き退《そ》け」

「還《かえ》り出でて、その国造等《ども》を切り滅して、向火を付けて焼きたまいき」

草薙神社——火攻めにあった倭建命は、叔母の倭姫から授かった草那芸劒（くさなぎのたち）で草を刈り、向い火をつけて火勢を外に向けて窮地を脱する。草薙神社は、父景行天皇が倭建命を偲んで創建した、と伝わる

なお、ここでの向火は、向うから燃えてくる火に対してこちらからつけて向かわせる火であろう。たとえば、焼畑では、草刈りや枝打ちをした山の斜面の上方から火をつけて焼き、最後に下方から火を上方に向かわせて火を止める。これをもって、「火を抑える」という。それで、類焼を防いで一定の区画が焼けるのだ。そういう解釈が妥当だろうが、さて、戦略上でいかに有効だったのだろうか。

その地を『古事記』では「今に焼遺《やきつ》と謂《い》ふ」と記す。

焼津神社――国造の策略で火攻めにあった倭建命、その地を「今に焼遺（やきつ）と謂ふ」（『古事記』）。その故事にちなんで、焼津神社では倭建大神を主祭神とする

焼遺は、現在の静岡県焼津《やいづ》市とされる。そこには、ヤマトタケルを主祭神とする焼津神社がある。また、静岡市には草薙《くさなぎ》神社もある。

焼津周辺は、現在の静岡県東部に位置していた古代駿河の勢力圏の西のはずれだった、といわれる。なお、『古事記』では、この火攻めを「相武国に到ります時」としているが、焼津は駿河国にあって相模国ではない。が、それは、ここではさしおこう。

さて、火攻めの謀略を返り討ちにしたヤマトタケルは、相模の三浦半島から房総半島を目指した。

「それより入り幸《い》でまして、走水《はしりみず》の海を渡りたまひし時」

走水の海とは、現在の東京湾の浦賀水道である。古代の人びとは、湿地帯が広がる東京湾岸を避けて、この海路をとることが多かった、と想像できようか。最短距離は七キロ程度ながら、潮流の速い難所である。

ヤマトタケルも、そこで苦難を強いられた。はじめは、飛び越えてでも渡れるほどの小さな海などとあなどっていた。だが、実際に海にでてみると、波が高く、船はなかなか進めない。そこに、さらに突然暴風が襲ったのである。波風に翻弄《ほんろう》される船で、身の危険を感じた。

そのとき、同行していた后《きさき》のオトタチバナヒメが申し出た。『古事記』では、それまでオトタチバナヒメの同行にはついては、ふれられていない。それが、突然登場して犠牲になるのだ。これも、そうなのか、と読むしかあるまい。

「妾《あれ》、御子《みこ》に易《かわ》りて海に入らむ」

「御子は、遣わされたところの政《まつりごと》を遂げて覆奏したまうべし」、と言い残して、オトタチバナヒメは海に身を投じた。といっても、飛びこんだわけではない。海上に菅畳《すがたたみ》、皮畳、絹畳をそれぞれ八重に敷き、その上に下りて座したのだ。すると、たちまち荒波がおさまった、という。

さねさし　相模《さがむ》の小野に　燃ゆる火の　火中に立ちて　問いし君はも

オトタチバナヒメの辞世の歌である。火攻めにあったとき、火中にあってもヤマトタケルが我が身を案じてくれた場面を回想する歌である。

ここでも、ヤマトタケルは、女性に救われた。オトタチバナヒメの呪力、とはいうまい。

日本武尊像――草薙神社鳥居脇に立つ。焼津神社の境内にも、近年建立された

まさに、夫がための献身であった。
それで、ヤマトタケルは、走水の海を無事に渡った。としたいところだが、『古事記』では何とも説明が乏しい。

「七日の後、その后の御櫛《みくし》海辺に依《よ》りき。その櫛を取りて、御陵《みさき》を作りて治め置きき」

どの浜にオトタチバナヒメの櫛が流れ着いたのか、わからない。そして、どの程度の御陵をつくったのかもわからない。その後の『古事記』の記述は、「それより入り幸《い》でまして、悉《ことごと》く荒ぶる蝦夷《えみし》等《ども》を言向け、また山河の荒ぶる神等を和《やは》し、還《かえ》り上り幸《い》でます」と続く。つまり、そのあたりの勢力者を平定して西に向かって帰路についた、というのだ。それだけの、じつに簡単な記述ですませているのである。

これでは、オトタチバナヒメも浮かばれない、というものだ。

しかし、各地で語り継がれる、ヤマトタケルが立ち寄った、という伝説がそれを補う。たとえば、千葉県木更津市の八劔《やつるぎ》神社には、ヤマトタケルが走水の海を渡って上陸した地という由緒が伝わる。また、富津《ふっつ》市の吾妻《あずま》神社には、漂着した櫛を馬の背に乗せて遷座する神事「馬だし」が現在にも伝わっている、という（産経新聞取材班『日本人なら知っておきたい英雄　ヤマトタケル』）。

走水の海――弟橘比売命の櫛が流れついたとする上総富津から三浦半島を望む

むしろ、東京湾岸一帯には、ヤマトタケルよりもオトタチバナヒメを祀る神社が多いようだ。『古事記』には、走水の海から先の遠征についての記述がないが、『日本書紀』では、「上総《かずさ》より転《めぐ》りて陸奥国《みちのくのくに》に入りたまふ」、と、それについてふれている。そして、『日本書紀』では、ヤマトタケルの東征の極限の地を日高見国《ひたかみくに》とする。日高見国とは、日が昇る東方の国という意味で、岩手県一関あたりではないか、とも伝えられるが、定かではない。

「悉《ことごと》く荒ぶる蝦夷《えみしども》等を言向け、また山河の荒ぶる神等を和平《やわ》して」、という『古事記』の一文から、蝦夷を北方に土着の民とみれば、ここからもヤマトタケルの東征の旅は東方から北方へと進んだ、と解けなくもない。それを、『日本書紀』では、より行動的で広域的な東征行に補充しているのだ。もちろん、それは、朝廷の勢力の拡大を明確にするためであっただろう。『日本書紀』は、その証《あか》しをより明らかにしているのである。

『古事記』での東征の帰路は、一気に「還《かえ》り上《のぼ》り幸《い》でます時、足柄《あしがら》の坂下《さかした》に到りて」、と相なる。相武（相模）と駿河との国境に位置する足柄峠（神奈川県南足柄市）の坂下、つまり峠を越えたところである。

そこで変事が生じた。

「御粮《みかれい》食す処に、その坂の神、白き鹿に化《な》りて来立ちき」

食事をするヤマトタケルの前に現われた坂の神とは、その付近を支配する在地勢力の首領と想定することができる。白鹿に姿を変えて道を塞《ふさ》ぎ、襲ってきたのである。

「その咋《く》ひ遺《のこ》したまひし蒜《ひる》の片端《かたはし》をもちて、待ち打ちたまへば、その目に当り、すなはち打ち殺したまひき」

ヤマトタケルが食べ残した蒜を投げつけると、それが白鹿の目に命中して絶命した、と。何ともたわいもない、とは笑うまい。それも、呪力が優ってのこと、とするのがよいだろう。

蒜、この場合は野蒜。その強い臭気で邪気悪霊を払う、と信じられていた。つまり、呪力がある、と信じられていた。一般には、食用で栄養価が高く、強壮食品として伝えられてきた。同じユリ科の多年草に行者大蒜《にんにく》がある。これも、その呼称のとおり、行者の呪力を強化するために用いられた、と伝えられているのである。

倭（大和）の勢力圏の境界域になお勢力を残していた坂の神は、東国の誇りをかけて挑んだのであろうが、たやすく殺害されてしまった。それによって、倭への集権があらためて周知されたのである。

その後、ヤマトタケルは、足柄峠を登り立って、三度もため息をつき、「吾妻《あづま》はや」（ああ、私の妻よ）とのたもうた。走水の海を鎮めるため身代わりとなって身を投げたオトタチバナヒメをここで偲んだのである。「ゆえに、その国を號《なづ》けて阿豆麻《あづま》という」、と『古事記』では結ぶ。

東京湾岸には、吾妻《あづま》神社（千葉県富津市）、吾嬬《あづま》神社（東京都墨田区）があるのも、その「阿豆麻」にならってのことである。また、一般に足柄峠を境にして以東を東国《とうごく》といいだしたのも、それにならってのことである（箱根峠を境にするようになったのは、街道整備が成った近世以降のこと）。

その後、ヤマトタケルは、甲斐国（山梨県）を目指して北上する。駿河はすでに制定しであるので、当然といえば当然の道中である。

美夜受比売に会いたさの帰路

甲斐国に入ったヤマトタケルは、酒折《さかおり》の宮（甲府市酒折）で歌を詠んだ。

新治《にいばり》、筑波《つくば》を過ぎて　幾夜《いくよ》か寝つる

ヤマトタケルは、常陸《ひたち》の筑波に思いをはせた。『日本書紀』では、そこに遠征したとあるが、それは、補遺というもの。『古事記』には、その記述はない。が、ヤマトタケルは、そこまでは行きたかったのかもしれない。

それに歌を返したのは、「御火焼《おひたき》の老人《おきな》」。宮の火（忌火《いみび》や篝火《かがりび》）を焚く老人である。

かがなべて　夜《よ》には九夜《ここのよ》　日《ひ》には十日《とおか》を

筑波までは九泊十日ほどになりますでしょう、というだけのたわいない返歌であるが、ヤマトタケルの心を満たした。そして、御火焼の老人を、東国の国造《くにのみやつこ》に任命したのである。

その後、ヤマトタケルは、科野国《しなの》（信濃＝長野県）に越える。「科野の坂の神を言向《ことむ》けて」、という。

峠の神を祀って、安全祈願をしたに相違あるまい。峠越えのそのところには、ここで「坂の神」としているが、後の世に通じる呼称でいうと「峠の神」が祀ってある。古来の信仰として全国各地に伝わる。とりわけ旅する人は、峠の神を拝して越えた。それが、近年とみに人びとの意識から遠のいたのは、自動車道路が山を迂回《うかい》したり隧道《すいどう》（トンネル）を掘削《くつさく》して通したからである。

その峠の神は、道中安全の守護神でもあるが、もうひとつの深い意味がある。日本には、いたるところに霊山霊峰がある。その山頂部には、「山の神」が鎮まっている。山の神は、季節によって、また人びとの要請によって、歳神《としがみ》にもなり田の神・水の神にもなって里に降りてその時期を守護してきた。山島列島ともいうべき日本で顕著なアニミズム（自然信仰）の象徴であり、原初の万能神なのである。峠道では、その山の神に手向《たむ》ける（供え拝する）作法もまたそこに生じた。その原初的な信仰のかたちがここに反映されている、とみるべきなのである。

ヤマトタケルは、尾張国を目指して急いだ。往路で契ったミヤズヒメの許《もと》へと急いだのである。なお、その道中のようすについては、『古事記』ではまったくふれていない。飛ぶようにミヤズヒメの許へ、というしかない。

ミヤズヒメは、大御食《おおみけ》を用意して献《たてまつ》った。

「その美夜受比売《みやずひめ》、大御酒盞《さかずき》を捧げて献りき」

美食と美酒でヤマトタケルを歓待した。それは、東征を成した英雄を迎えるにふさわしい設営に相違あるまいが、このミヤズヒメ、なかなかに賢《さか》しい姫とも読みとれる。

「ここに美夜受比売、それ襲《おすい》の裾《すそ》に月経著《つ》きたり。故《ゆえに》、その月経を見て、御歌をよみたまいしく」

月経と記して、ツキノサワリと読む。ミヤズヒメの上衣の裾にその出血をみたヤマトタケルは、こんな歌を姫に送った。

ひさかたの　天の香具山　利鎌《とがま》のように　さ渡る鵠《くび》（白鳥）
弱細《ひはぼそ》　手弱腕《たわやかいな》を　枕《ま》かんとは　我はすれど
さ寝むとは　我は思へど
汝《な》が著《け》せる　襲《おすい》の裾に　月立ちにけり

天の香具山の空を鋭利な鎌のような姿で渡る白鳥のように、か弱く細い腕を抱いて、共寝したいと思うが、あなたの着ている上衣の裾に月が出てしまっているとは……。ヤマトタケルの失望のようすがうかがえる。

ミヤズヒメは、その歌にこう返歌した。

高光る　日の御子《みこ》
やすみしし　我が大君《おおきみ》
あらたまの　年が来経《きふ》れば　あらたまの　月は来経往《きへゆ》く
諾《うべ》な諾な諾な　君待ち難《がた》に
我が着せる　襲《おすい》の裾に　月立たなむよ

いかにも（諾）、あなたを待ちきれないで上衣の裾に月が出たのでしょう、と。

「やすみしし　我が大君」。ここでの「やすみしし」の意味は、よくわからない。が、いずれにしても、東征を成したヤマトタケルを讃《たた》え敬っての枕詞の類には相違あるまい。「高光る　日の御子」も、最大級の敬意をこめた言葉である。

ヤマトタケルとミヤズヒメは「御合《みあい》して」、つまり幸せな日々をここに過ごした。しかし、それも長続きはしなかった。

おごりの油断が命とり

「草薙剣《くさなぎのつるぎ》を、その美夜受比売《みやずひめ》の許《もと》に置きて、伊服岐能山《いふきのやま》の神を取りに幸《い》でましき」

ヤマトタケルは、伊吹山の神を討ちに行くことを思いたった。なお、ここでの「取る」は、「殺《と》る」。敵の頭《かしら》を殺《と》る、などとつかってきた。

唐突な思いたちだったのか。東征で身を守ってくれた草薙の剣を持たずに出かけたのである。

「この山の神は徒手《むなで》に直《ただ》に取りてむ」

相手をあなどって、過信したのだ。それまでの西征、東征で勝利を得てきたそのおごりだろうか。それにしても、迂闊《うかつ》なことであった。

「その山に騰《のぼ》りましし時、白猪《しろい》、山の辺《へ》に逢《あ》へり。その大きさ牛の如くなりき」

西（ヤマト政権）と東を分ける伊吹山の全景

伊吹山の神との遭遇を『古事記』ではそう記す。

伊吹山は、滋賀県と岐阜県の県境にある標高一三七七メートルの山である。眺望する方角にもよるが、なるほど巨大な牛が横たわる姿に似てもいる。そして、冬になると、伊吹おろしといわれるほどの冷たい強風が吹きおろす。それも、荒ぶる神を彷彿《ほうふつ》とさせるに十分である。

「その白猪に化《な》れるは、その神の使者《つかい》ぞ。今殺さずとも還《かえ》らむ時に殺さむ」

ヤマトタケルは、そこで遭遇した白猪を山の神の使者と見誤り、帰りに殺せばよいとしてそのまま山を登った。

だが、じつは、その白猪こそが山の神の化身であった。

後の書、たとえば『帝王編年記』（一四世紀後半の成立）にも、その伊吹山の神の猛々しさが記されている。伊吹山の神が浅井岳の神と背比べをしたときのこと。浅井岳が一晩で背丈を伸ばしたことに激怒して、刀で浅井岳の首をはねた。その首が琵琶湖に落ちて島となり、竹生島《ちくぶじま》と名づけられた、というのである。

さほどに伊吹山の神は、自尊心が強かった。自分を使者と間違えたヤマトタケルに激怒し、伊吹山の神は大粒の雹《ひょう》を降らせたのだ。ヤマトタケルは、山を下らざるをえなかった。

「玉倉部《たまくらべ》の清泉《しみず》に到り、息《いこ》いましし時、御心ややに寤《さ》めましき」

前後不覚となって山を下りたヤマトタケルは、清らかな水のほとりで体を休めて、ようやく正気を取り戻した、という。「故《ゆえに》、その清泉を號《なづ》けて、居寤《いさめ》の清水という」。その居寤の清泉とは、岐阜県関ケ原町玉とも滋賀県米原《まいばら》市醒井《さめがい》とも、現代に語り継がれている。

その後、當芸野《たぎの》にたどり着いたヤマトタケルは、こう嘆いた。

「吾が心、恒《つね》に虚《そら》より翔《かけ》り行かむと念《おも》いつ。然《しか》るに、今吾が足得《え》歩まず、たぎたぎしく成りぬ」

これまでは常に飛ぶがごとくに翔けゆけると思っていたのに、今は、足の自由がきかない、と。「たぎたぎし」とは、トボトボと足元が頼りない状態をいう。

「故《ゆえに》、其地を號《なづ》けて、當芸《たぎ》という」。そこは、岐阜県南西部、現在の養老町付近にあたる。

ヤマトタケルは、養老山地にそって伊勢街道を南下しようとしたのであろう。養老山地の山麓には、桜井、上方《うわがた》という集落があり、いずれもヤマトタケルにまつわる白鳥神社が建立されている。『古事記』ではさほどに詳しくはないが、そのことからも、ほぼその経路をたどったに間違いはあるまい。

ヤマトタケルは、杖をつき遅々とした歩みながら懸命に故郷の倭（大和）をめざした。ちなみに、ヤマトタケルが歩いたとされる三重県四日市市采女《うねめ》町から鈴鹿市石薬師町に至る間の坂は「杖衝《つえつき》坂」と呼ばれる。坂の上には、ヤマトタケルの血で染まったとされる石を祀る「血塚社」が建てられている。

尾津《おつ》の前《さき》（尾津崎とも）の一本松にたどり着いた。そこは、伊勢国。養老山地の南端、多度《たど》山の麓《ふもと》で海をはさんで尾張を望める風光明媚な地である。そこに、東征に向かう道中で食事をした折に置き忘れていった刀剣がそのまま残っていた。

尾張に　直に向かへる

尾津の崎なる　一つ松　あせを
一つ松　人にありせば　大刀佩《は》けましを
衣《ころも》着せましを　一つ松　あせを

ああ、松が兄弟（あせを）であったなら、刀を帯びさせ衣を着せるのに。東国に向いた松を兄弟にみたてて、ヤマトタケルは、ミヤズヒメを偲んだのであろうか。あるいは、松に託さざるをえないところで、ミヤズヒメの許には二度と戻れないことを悟ったのだろうか。惜別の歌とみてよい。

三重《みえ》村に着いた。そこは、現在の三重県四日市あたりとされる。前述した杖衝坂は、そこからほど近いところである。

ヤマトタケルは、嘆いた。

「吾《あ》が足は三重の勾《まがり》の如くして、いたく疲れたり」

『古事記』には、「故、其地を號《なづ》けて三重といふ」、とある。ヤマトタケルのこの言葉が三重の地名の由来、とするのだ。

「それより幸行でまして、能煩野《のぼの》に到りましし時、国を思《しの》びて歌いたまひし」

満身創痍で故郷の倭をめざしたヤマトタケルは、能煩野《のぼの》で最期のときを迎える。能煩野は、鈴鹿市から亀山市にかけての丘陵地帯である。西方に鈴鹿山脈が連なる。そこで詠んだとされるのが、かの有名な「思国歌《くにしのびうた》」（『古事記』に用いられて以後は、歌曲上の名称）である。

倭《やまと》は　国のまほろば　たたなづく　青垣《あおがき》　山隠《やまご》もれる　倭《やまと》し麗《うるわ》し

「まほろば」とは、もっとも美しく秀でた、の意。「まほらま」とか「まほら」、ともいう。ヤマトタケルは、「国固め」というその旅での任務に忠実であっただけでなく、倭によほどに愛着があったのであろう。たぶん、景行天皇を含めて倭の人たちにも思いをはせたのであろう。

さらに、歌が続く。

命の　全《また》けむ人は　畳薦《たたみこも》　平群《へぐり》の山の　熊白檮《くまかし》が葉を　髻華《うず》に挿《さ》せ　その子

命健かなる人は、幾重にも重なったあの平群《へぐり》の山のよく茂った白檮《かし》の木の葉を簪《かんざし》に挿しなさい、愛しい人びとよ、と詠うのだ。ヤマトタケルは、最期に生命の賛歌を遺したのである。

歌に詠まれた平群は、現在の奈良県平群町。生駒山地とのちに法隆寺が造営される矢田《やた》丘陵に囲まれ、中を竜田川が流れる。そこは、古くから薬草摘みや狩猟が盛んで、作物も豊かであった。ヤマトタケルは、その自然豊かな地を故郷として心から愛していたのである。ヤマトタケルにとっての「まほろば」とは、そうした山野と人びとがなじみ合える穏《おだ》いの地であったに相違ない。

思国歌を詠み終えたヤマトタケルは、西の空を仰いで、さらに詠う。

愛《は》しけやし　吾家《あがや》の方《かた》よ　雲居《くもい》起《た》ち来《く》も

「この時、御病甚急《いとにわ》かになりぬ」、と『古事記』にいう。

崩御と追慕の歌

嬢子《おとめ》の　床の辺に　我が置きし　つるぎの大刀《たち》　その大刀《たち》はや

これが、辞世の歌となる。そう詠い終え、ヤマトタケルは崩じた。嬢子とは、尾張に残したミヤズヒメのことに相違ない。そして、そこに置いたままの太刀。いずれにも、なお、未練があったのだ。

ミヤズヒメと暮らした日々、ヤマトヒメから授かり東征で常に身を守ってくれた草薙《くさなぎ》の剣《たち》が気になるところだったのだろう。伊吹の山へ向かうときに、はからずもそこに残してきてしまった。それは、ヤマトヒメが神霊として授けたものである。天つ神、あるいは天皇たる者の証《しるし》といってもよい。偉大な神や王になれずして死を迎えることになったヤマトタケル。右の辞世の歌を達観とみるか無念とみるか、後の解説書（たとえば、『釈日本紀』）にあたるまでもなく、自らにおきかえてみるとよかろう。後悔が薄らぎ、苦笑するがごとくに達観できるのがいまわの時なのではあるまいか。そうあってほしいものである。

「是《ここ》に倭に坐す后等《きさきたち》と御子等《みこたち》、諸々《もろもろ》下り到りて、御陵を作り、其地《そこ》のなづき田に這ひ廻りて哭《な》きまして」

ヤマトタケルが能煩野《のぼの》で崩御したとの知らせを受け、后《きさき》や御子《みこ》ら遺族が倭からかけつけた。そして、陵墓（崩御地の墓で、御陵ではない）を築造し、その脇に伏して泣き悲しんだ。

そして、歌を詠んだ。

なづきの田の　稲茎《いながら》に　稲茎に　這ひ廻《もとほ》ろふ　薢葛《ところづら》

水田で嘆く自分たちの姿を稲にからみつく泥まみれの蔓《かずら》にたとえて詠った。

「ここに八尋白智鳥《やひろしろちとり》に化《な》り、天に翔《かけ》りて浜に向かひ飛び行《い》でましき」

御陵に葬られたヤマトタケルの御霊は、白鳥と化し、そこから飛び立った、というのだ。

「ここに后と御子等、その小竹《しの》の苅杙《かりくい》に、足跳《き》り破れども、その痛きを忘れて哭《な》き追いたまひき」

后と御子たちは、竹の切り株で足を切りながらも白鳥のあとを追った。
白鳥になったヤマトタケルを追いながら、后や御子たちは歌を詠んだ。

浅小竹原《あさじのはら》　腰なづむ　虚空《そら》は行かず　足よ行くな

また、海に入ってまでも追って、こう詠んだ。

海処《うみが》行けば　腰なづむ　大河原の　植ゑ草　海処はいさよふ

いずれも、思うように進めぬもどかしさがにじんだ歌。そのもどかしさは、ヤマトタケルが一族にとって得がたい大黒柱であったことをあらためて知ったものの、もはやいかんともしがたい無念さか。もう少し大事にしておけばよかった、とは下世話すぎるたとえだが、大事な人の死出のときには、遺族の誰もが抱く思いではあろう。

磯で休んでいる白鳥には、こう詠いかけた。

浜つ千鳥　浜よは行かず　礒伝ふ

后と御子たちの悲しみ。常民と異なるのは、そこに歌が遺ることである。

「この四歌は、皆その御葬《みはぶり》に歌いき。故、今に至るまで、その歌は天皇《すめらみこと》の大御葬に歌うなり」

この四首の歌は、「葬歌」といわれる。それは、のちの世（二十七代を経た『古事記』編纂の時点）に伝わり、天皇の大喪《たいそう》の礼で詠じられ続けた、という。

白鳥となって能煩野から大空に飛び立ったヤマトタケルの霊魂は、奈良盆地を越え、河内国の志幾《いき》に舞い降りた。そして、そこに御陵《みささぎ》がつくられ、鎮まった、とされる。『古事記』には、その御陵を「白鳥御陵《しらとりのみささぎ》」（『日本書紀』では白鳥陵）という、と記されている。そこは、現在の羽曳野《はびきの》市軽里《かるさと》である。この白鳥御陵を、現在、宮内庁は古市古墳群の白鳥陵古墳と比定している。

その白鳥陵古墳は、五世紀後半に築造された、と推定される。これは、ヤマトタケルの時代より約一世紀新しいことになる。にもかかわらず、ヤマトタケルの墓と伝承されているのは、なぜだろうか。ここでは、そこまで厳密には問うまい。皇国の最大の功労者の御陵は、永久《とわ》に美しく気高くあってほしいという人びとの思いの投影。そうあってもよろしいのではあるまいか。

「然るに、また其地《そこ》より更に天に翔《ひるがえ》りて飛び行でましき」

ヤマトタケルの魂の天への回帰を強く印象づけるこの記述が、白鳥伝説のしめくくりとなる。

ヤマトタケルのものがたりは、神々と呼応する英雄譚《たん》である。その細部に、つじつま合わせを求めるまでもあるまい。それをも超えた壮大な叙情詩なのである。それが、いまもなお、その足跡地に誇らしい伝説を遺し、スーパー歌舞伎でも演じられ、日本人の心を揺らすゆえんでもあろう。

ヤマトタケルの系譜から

あらためて、ヤマトタケルの出自を問おう。

ヤマトタケルは、一二代景行《けいこう》天皇の御子《みこ》として生まれた。

景行天皇には、数多くの妻がいて、御子の数も八〇人にも及ぶ。ヤマトタケルの母は、景行天皇が最初に迎えた妻である。『古事記』には、「吉備《きびの》臣等《おみら》の祖、若建吉備津日子《わかたけきびつひこ》の女《むすめ》、名は針間《はりま》の伊那毘能大郎女《いなびのおおいらつめ》を娶して、生みませる御子《みこ》」とある。クシツヌワケノミコ（櫛角別王）、オオウスの命《みこと》（大碓命、以下オオウス）に続く三男である。「小碓命《おうすのみこと》、またの名は倭男具那命《やまとおぐなのみこと》」、とある。

ここでは、ヤマトオグナという別名はでてくるが、ヤマトタケルの名はまだ出てこない。

もうひとつ注目しておかなくてはならないのは、母イナビノオオイラツメ（伊那毘能大郎女）の出身である。ワカタケキビツヒコ（若建吉備津日子）の娘、とある。第三章でとりあげたのが、キビツヒコの命《みこと》（吉備津彦命、以下キビツヒコ）。孝霊《こうれい》天皇の御子である。そして、その弟がワカタケキビツヒコなのである。

つまり、ヤマトタケルは、キビツヒコの血縁にあたるのだ。ここでのものがたりは、隔世の英雄譚ということになる。

前述もしたように、キビツヒコは、まだ神話の世界にあった。そして、そのものがたりは、吉備という小国を安定させることにあった。朝廷が直接の統治をはかったものではない。が、ヤマトタケルは、明らかに大倭《おおやまと》（大和）というがごとくの大国への集権を担っての西征と東征。それは、父景行天皇の命令に従ってのことであった。父の命令には何ら抗することなく、その旅に出た（先には、これをエディプス・コンプレックスとした）。

西国にも東国にも、倭に伏《まつろ》わぬ勢力があった。ヤマトタケルは、そうした地方の征圧にその半生を費やしたのだ。そして、その旅先で非業の死をとげたのである。まぎれもなく、「国固め」の功労者である。ヤマトタケルの叔母ヤマトヒメを、前章（四章）で取り上げた。ヤマトヒメも天皇の命《めい》を受けて「国覓《くにま》ぎ」の旅を行なった。これも国固めに相違ないが、武力制圧するものではない。天照大御神《あまてらすおおみかみ》を祀り、言問うて融合をはかる巡幸であった。それに対して、ヤマトタケルの旅は、倭に伏《まつろ》わぬ荒ぶる勢力に闘いを挑んで征圧、それで集権をはかるものであった。そこで、ここでは国覓ぎからさらに次の段階に進んだ国固めとしたのである。

ヤマトタケルを外しては、大和朝廷の長期政権の地盤の成立はありえないのだ。しかし、たとえば、キビツヒコが二〇〇年以上もの延命の後、吉備津の大社に安鎮されて代々崇《あが》められるような神威も神異もヤマトタケルには付加されていないのだ。国固めの英雄は、国固めの犠牲者でもあった、といえるだろうか。いや、そういったら語弊がある。まるで報われなかったのではない。次代にそれが報われた。そのことは、系図をつくってみると読みとれよう。

ヤマトタケルは、景行天皇の御子。その兄弟・姉妹は数多いが、ここでのものがたりに関係が深いのは、実兄のオオウスと異母弟のワカタラシヒコの命《みこと》（若帯日子命、以下ワカタラシヒコ）の二人である。オオウスは、ヤマトタケルによって早々に殺害される。ワカタラシヒコは、景行天皇を継ぐ一三代成務天皇である。

景行天皇の存命中に、ヤマトタケルは非業の死。オオウスは、すでになき系統で、ワカタラシヒコが天皇を継いだのは致し方あるまい。ヤマトタケルの長兄は、クシツヌワケ（櫛角別王）。また、二人の実弟もいるのに、なぜ異母弟が、と問うてみても、詮《せん》ないことだ。

問題は、その後の代である。一四代仲哀天皇、一五代応神天皇、一六代仁徳《にんとく》天皇と続く。しだいに、現実味をもった歴史時代に入る。『古事記』の「下つ巻」は、いうなれば人間天皇の代を綴《つづ》ったものだが、それは、仁徳天皇からはじまるのである。

ところで、この仲哀・応神・仁徳天皇たちは、ヤマトタケルの直系なのである。その名は、後世に伝わるところである。というのは、成務天皇の一代をはさんで、ヤマトタケルの血統が見事なまでに蘇《よみがえ》ってくるのである。

成務天皇の影が薄い。『古事記』での記述でも、字数が極端に少ないのだ。そして、御子は一柱。しかも、その御子は、天皇を継承していないのである。

一方、ヤマトタケルの御子の仲哀天皇の活躍は、『古事記』にも詳しい。筑紫の訶志比《かしい》宮《の》（香椎宮）で家臣にも恵まれ、大后オキナガタラシヒメ（息長帯比売命＝神功皇后）ともども文武ともに新羅《しらぎ》（朝鮮）まで名をはせた。もっとも、神功皇后の方が名を遺している。

応神天皇・仁徳天皇については、いうまでもない。実在の天皇としての史実や御陵が、現在にも伝えられ、多くの人が聞き及んでいる名声である。

そこにおいて、ヤマトタケルにも名誉を回復させた、とみてよいだろうか。

それを、父景行天皇の懺悔《ざんげ》、それまでの確執の幕引きとみることもできる。それには異論もあるだろうが、『日本書紀』からは、天皇が亡きヤマトタケルを追慕したとも読みとれる記事が見出せるのである。

また、駿河（静岡市）の草薙《くさなぎ》神社は、景行天皇の意を受けて造営された、と伝わる。そうだとすると、ヤマトタケルの死をもっとも悔やんだのが父景行天皇であった、ともいえるのである。

ヤマトタケルの后ら、また御子らが命《みこと》の御陵の前で哭き伏して詠った四首の「葬歌」は、先に記した。いまいちど復唱しておきたい。

なづきの田の　稲茎《いながら》に　稲茎に　這ひ廻《もとほ》ろふ　薢葛《ところづら》
浅小竹原《あさじのはら》　腰なづむ　虚空《そら》は行かず　足よ行くな
海処《うみが》行けば　腰なづむ　大河原の　植ゑ草　海処はいさよふ
浜つ千鳥　浜よは行かず　礒伝ふ

現代《いま》でも、天皇の大喪の礼で詠《うた》われている、という。元宮内庁和歌御用掛の岡野弘彦氏の「私が指導しました」、という証言もあるのだ（産経新聞取材班『日本人なら知っておきたい英雄　ヤマトタケル』）。

白鳥に姿を変えて天を翔けたヤマトタケル。たしかに、神話時代から歴史時代に移行する時代の「国づくりの祖」であった。

一六歳で西征の旅に出た。三〇歳で東征の旅を終えんとするところで死す。ヤマトタケルの労多くして短い生涯であったが、この葬歌をもっても、確かに歴史に長く伝わる名誉が授けられた。ご同慶の至り、としよう。

終章——招かれざる神々の来訪

これまでは、神話のなかでの神々の旅をとりあげてきた。

神話については、作為的な「ものがたり」であり、史実には遠い、という否定的な解釈がなされる。もちろん、そのとおり、というしかない。しかし、もっとも古く、日本人の「世界観」が投影されての「ものがたり」であることには相違あるまい。

とくに、ここでは神々の旅をとりあげている。それは、じつに変幻自在なものであり、どこまでも世相世俗に近いものなのである。つまり、神々と人びととの隔たりがあまりないのだ。これは、世界の神話のなかでも特異なものではあるまいか。それは、私ども日本人の神観念、つまり信仰観に通じるもので、現代にも不断の連続性をもってつながることであろう。

たとえば、「神さま」、あるいは「神さん」と呼ぶ。これは、他言語に正確には訳しにくいはずだ。そこでの神は、絶対的な存在ではない。ということで、天皇制にも氏族制にも結びつけやすかった。神々の旅を通しては、神話もそう読みとれるのである。

しかし、それは、あくまでも「ものがたり」の世界である。

一方に、より具象的にしてわかりやすい神々の訪れがある。

序章で述べた降神の装置系がそうである。柱・幟《のぼり》・蓋《かい》など、天上界からの降神を表わす。ユラユラ、サワサワ、トントンと、風の音や太鼓の音などの擬音が加わるとよりそれらしく映えるのであろう。現代でも、祭事の随所に伝わっているのである。

さらに具象的に、民俗行事のなかで仮装した神々の来訪が伝わる。

多くは、小正月（一月一五日）の行事として伝わる。誰が招くかは、ほとんど明らかでない。また、どこからやってくるのかも、ほとんど明らかでない。さらに、それが何神様であるかも、ほとんど明らかでない。

柳田國男がいった「小正月の訪問者」（『雪国の春』）が、折口信夫《おりくちしのぶ》がいった「まれびと」（『古代研究』民俗学篇①）がそうである。

それを、「来訪神」とする。

年中行事としてそれぞれの土地で伝承されているが、その発生や伝播《でんぱ》は、必ずしも明らかでない。自然発生的に、いつしか定型化もした、というしかない。そのところで、招かれざる神々がやってくるのである。

仮面と蓑笠で仮装の神々

来訪神という呼称は、古来のものではない。たとえば、『民俗学辞典』(一九五一年)、『日本民俗事典』(一九七二年)の類にはその項目がない。「小正月の訪問者」がそれに相応する。『日本民俗大辞典』(下巻＝二〇〇〇年)ではじめて「来訪神」がでてくるのである。

ちなみに、柳田國男が監修したところの『民俗学辞典』での「小正月の訪問者」では、以下のようにいう。そこでは、柳田のこだわりを反映しているように推察できる。

「正月十四日の夜、もしくは十五日の夜、すなわち一年の最初の満月の夜に、蓑笠を着たり頭巾をかぶって顔をかくしたりして家々の門口を訪ずれ、あるいは唱え言をいい、あるいは種々の音響を以て物を乞うことは全国的な習わしであった」(旧字は改めた。以下同じ)

そして、その事例として、秋田県(ここでは、その他東北地方とも)のナマハゲや奄美《あまみ》・沖縄諸島のトシノカミ・ニイルビト・ヤマノカミをとりあげている。

「すなわちこれら一連の行事から、日本人と古い信仰では、年の改まった一夜遠い土地から来る神の声によって、その一年の豊かに幸多かれと祝われていることを期待していたということ、そして、それが世の変遷にともなって少しずつ信仰を失ない、物乞いに化して行った経路が明らかにされる」

つまり、「遠い土地からやって来る神」ということで、「来訪神」につながるのである。仮面をつけ、仮装した神が、あるいはまれびとが、遠い土地から旅をして年明けを祝福しにやってくるのである。古くさかのぼれば、その種の行事が各地にあった。

「来訪神」が広く知られるようになったのは、平成三〇（二〇一八）年一二月にユネスコの無形文化遺産で、日本の「来訪神　仮面・仮装の神々」一〇件が記載（登録）されることになったからである。

そこでの要旨は、年や季節の節目にあたって神に扮した者が集落や家々を訪れて子どもや怠けものを戒めたり、厄災を祓《はら》ったり、福をもたらしたりする行事、ということであった。小正月に限らない、厄災を祓うなど一部補正がなされているが、ほぼ『民俗学辞典』に準じた趣旨である。

ちなみに、ユネスコの無形文化遺産に記載された来訪神行事は、以下の一〇件である。

●**甑島《こしきじま》のトシドン**（鹿児島県薩摩川内《せんだい》市下甑町内四集落）

正月行事。毎年大晦日《おおみそか》の夜、トシドンに扮した青年たちが、子どものいる家々を訪ねて、大きな声で子どもを脅かしたり、良い子になるように諭したりする。トシドンは、長い鼻に大きな口の怪奇な仮面をつけ、藁蓑《わらみの》に棕梠《しゅろ》や蘇鉄《そてつ》の葉などをまとっている。歳神《としがみ》様の化身ともされる。

●男鹿《おが》のナマハゲ（秋田県男鹿市、約九〇集落）

男鹿半島一帯に伝承されている正月行事・小正月行事。たとえば、毎年大晦日の夜、ナマハゲに扮した青年たちが、大声をあげながら家々を訪れる。ナマハゲは、木の皮や笊《ざる》に紙粘土を貼るなどしてつくった鬼のような仮面に、ケデ（あるいはケラ）と呼ばれる海草を加えた藁蓑を着て、手には包丁や手桶《おけ》、御幣《ごへい》などを持つ。家に入ったナマハゲは、足を交互に高々と振り上げて激しく床を踏みしめ、子どもがいるとつかまえて厳しく戒める。ナマハゲは、厄災を祓い福をもたらす神とされる。

●能登《のと》のアマメハギ（石川県輪島市内四集落・能登町）

正月・節分の行事。集落によって行なわれる日も内容も多少異なる。たとえば、輪島崎町（輪島市）では面様年頭と呼ばれ、毎年一月一四日と二〇日の二回行なわれる。子どもたちが串柿面（男面）と女郎面（女面）をつけて早朝から家々を訪問。小枝で戸を激しく叩《たた》いて家に入り、主人とあいさつを交わした後、初穂を受けて立ち去る。五十州《いぎす》（輪島市門前町）では、一月二日の夜、青年たちが天狗面や翁面《おきなめん》や媼面《おうなめん》でアマメハギに扮して家々を訪問。手にした槌《つち》や擂粉木《すりこぎ》を振りながら子どもたちの怠惰を戒める。皆月（輪島市門前町）では一月二日、青年たちがアマメハギに扮して家々を巡る。河井町（輪島市）では一月一四日、子どもたちがアマメハギに扮して家々を巡る。能登町では節分の晩に行なわれる。子どもたちがアマメハギに扮して家々を訪ねる。そこでは、家に入ると手にした包丁などを振り回しながら、怠け者を戒める。

●宮古島のバーントゥ（沖縄県宮古島市内島尻・野原の二集落）

バーントゥとは、海の彼方から訪れる神とされる。島尻では、毎年旧暦九月上旬の二日間行なわれる。夕方、青年たちが集落東の古井戸（海の彼方の理想郷、ニライカナイに通ずるとされる）に集まり、バーントゥに扮する。体に椎《しい》の木の蔓《つる》を巻きつけ、井戸の底の泥を体に塗りつけて片手で仮面を顔に当て、もう一方の手に杖を持って集落を訪れる。途中、会った人には厄除けとして泥を塗る。野原では、毎年旧暦一二月最後の丑《うし》の日に行なわれる。全戸の主婦と小学校高学年の男子が参加。主婦は、頭や腰にクロツグ（ヤシ科）などを巻き付け、両手にヤブニッケイなどの小枝を持つ。男子は、面をつけバーントゥに扮した子とほら貝を吹く子（二人）、小太鼓を叩く子のほかは行列につく。一行は、大御嶽《うぶうたき》に拝礼の後、集落の東端から西端まで厄災を祓いながら練り歩く。とくに、新築の家では周囲を巡って厄災を祓う。

●遊佐《ゆざ》のアマハゲ（山形県遊佐町吹浦《ふくら》・女鹿《めが》他二集落）

小正月行事。女鹿では、毎年一月三日の晩に行なわれる（昭和初期までは、一月一五日の小正月に)。五人の青年が、赤鬼・青鬼などの仮面をつけ、ケンダン(藁蓑様のもの)を着てアマハゲに扮し、太鼓打ちなどとともに家々を訪ねる。アマハゲは、足を踏み鳴らして家に入り、主人とあいさつを交わす。また、子どもたちをつかまえて戒める。アマハゲが去ると、座敷には藁くずが残る。これはコモジと呼ばれ、丁寧に拾い集めて神棚に供える。滝ノ浦では、毎年元日の晩に行なわれる(昭和初期までは、小正月に)。二人の青年が赤鬼・青鬼などの仮面をつけ、頭にシャグマをのせてケンダンを着てアマハゲに扮し、太鼓打ちなどと家々を巡る。アマハゲは無言で家に入り、足を激しく踏みしめたり、子どもたちを威嚇したり、老人の肩をもむなどする。太鼓打ちの「ハゲ、ハゲ、ハゲ」という唱え言に合わせて神棚の餅《もち》を持ち去る。アマハゲが去ると、各自でケンダンを焼く。鳥崎では毎年一月六日の晩に行なわれる(昭和初期までは、小正月に)。内容は滝ノ浦とほぼ同じである。

●米川の水かぶり(宮城県登米《とめ》市東和《とうわ》町米川五日町)

毎年二月初午《はつうま》に行なわれる。青年たちが藁の注連縄《しめなわ》を腰と肩に巻き、藁製のアタマとワッカをかぶり、草履《ぞうり》を履いて、顔には竈《かまど》の煤《すす》を塗る。厄年の者は、水かぶりに扮することで厄祓いになるともいう。水かぶりは、一団となって奇声をあげながら集落を回る。家々の玄関先に用意された水をその家の屋根にかける。一団が通りかかると、人びとは水かぶりの着衣の藁を抜き取り、火伏のお守りとして家の屋根にのせる。この行事は、五日町在住以外の男性が参加すると火事がおこる、初午の日以外に実施すると火事がおきる、などともいわれる。

●見島のカセドリ（佐賀県佐賀市蓮池町見島地区）

毎年二月第二土曜日の晩に行なわれる。二人の青年が笠をかぶって藁蓑を着たカセドリに扮し、家々を訪れる。提灯《ちょうちん》持ちや天狗《てんぐ》持ち、御幣《ごへい》持ちなどの役も従う。カセドリは、下半分を細かく裂いた青竹を持ち、訪問先に着くと勢いよく飛び込み、あくまでも顔を伏せて青竹を玄関の上がり框《かまち》に激しく打ち付ける。その音で悪霊を退散させる、とされる。カセドリは、訪問中は無言である。

●吉浜のスネカ（岩手県大船渡市三陸町吉浜地区）

毎年一月一五日の晩に行なわれる。青年が怪奇な仮面をつけ、藁蓑などを着てスネカに扮して家々を訪れる。かつては、厄年の男性が厄払いのためにスネカに扮した。スネカは、手に小刀を持ち、腰にアワビの殼を吊《つ》り下げ、靴が入れられた俵を背負う。干した海藻を面や体につける者もいる。アワビは豊漁、俵は豊作を意味する、とされる。訪問先に着くと、鼻を鳴らしながら玄関の戸を揺すり、家に入ると、腰を屈《かが》めた姿勢のまま小刀で子どもたちを威嚇する。途中、主人と問答を交わし、餅や金銭を受取って去っていく。スネカは、小正月の晩に山から里に降りて五穀豊穣《ほうじょう》や豊漁をもたらす精霊、とされている。

●薩摩硫黄島のメンドン（鹿児島県三島村硫黄島）

毎年旧暦八月一日・二日に行なわれる八朔《はっさく》の太鼓踊りにともなって現われる。メンドンは、ふだんは山にいて、時を定めて人びとの邪気を払うために訪れる、という。青年たちは、背負籠に竹ひごを組んで紙を貼り、墨と赤絵具で模様を施した仮面と藁蓑をつけてメンドンに扮する。手には、神木であるスッぺと呼ぶ木の枝葉を携える。八月一日夕方、唄を歌いながら鉦《かね》を叩くカネタタッドンを中心に、一〇名ほどの青年たちが太鼓を叩きながら輪になって踊る。そこにメンドンが一体飛び込んできて、踊り手の周囲を三周して去っていく。その後も、何体ものメンドンが飛び込んできて、踊りの邪魔をしたり、周囲の人びとをスッペで叩いたりする。叩かれると魔が祓われる、とされる。メンドンは、三日未明まで集落を徘徊《はいかい》する。

●悪石島のボゼ（鹿児島県十島《としま》村悪石《あくせき》島）

毎年旧暦七月一六日に行なわれる。三名の青年が、赤土を水で溶いたアカシュと墨で縞《しま》模様を施した仮面をつけ、体にはビワの葉を巻き付け、手足にシュロの皮やツグの葉を当ててボゼに扮する。手には、ボゼマラと称する男根を模した一メートルほどの杖を持つ。夕方、盆踊りが一段落すると、太鼓が叩かれてボゼが現われ、ボゼマラの先に塗ったアカシュをすりつけようと人びとを追い回す。アカシュをつけられると、悪魔祓いになるとされるほか、女性は子宝に恵まれる、などともいわれた。ボゼは、邪気を祓って子孫繁栄を促すために現われる、という。（石垣悟「無形文化遺産保護制度と〈来訪神　仮面・仮装の

神々〉の概要」―『来訪神　仮面・仮装の神々』に所収―を参考にした）

なぜ笠と蓑なのか

この一〇件をみただけでも、来訪神のかたちは一様ではない。が、基本的なところでは、ほぼ同様である。それゆえに「仮面・仮装の神々」を来訪神としてくることができたのである。

まず、仮面である。

怪奇な仮面、鬼面、天狗面などがある。仮面をつけないところでは、顔に竈の煤を塗る（米川の水かぶり）。あるいは、笠を深くかぶり、人前では顔を伏せた姿勢で上がり框《がまち》に青竹を打ちつける（見島のカセドリ）。この二例も、例外ではない。異相の来訪神ということでは、仮面も煤面《すすづら》も見えない顔も大きな差はないのである。

神、あるいは怪奇なまれびとを表現するには、当然のことである。素顔では、誰もが認めることはできないだろう。素顔を隠すことが、まずは大事なのである。

次に、仮装である。

藁蓑《わらみの》を着ける事例が多い。そして、笠をかぶる事例が多い。体に蔓《つる》や葉を巻きつける（宮古島のパーントゥ・悪石島のボゼ）ものもある。これは、稲作が主業でないところでの藁に代わるもの、とみることができようか。

民俗学の解説書では、ほぼ例外なく、蓑笠姿を来訪神の典型的な姿、と位置づけている。それには、どのような意味があるのだろうか。もちろん、仮面と同様に、その正体を隠すためであるのは、いうまでもないことだ。それが、なぜ蓑と笠なのか。農村においては、それは日常の着用具なのである。いや、それは農村にかぎらず、降雨時や降雪時の必需品でもあった。

つまり、誰もが日常で見慣れた着用具なのである。それを、なぜ、こうも同様に用いるのか。民俗学でも、その論考は、ほとんどない。かくいう私も、それを解く有効な手だてがない。

だが、待てよ。と、前掲『民俗学辞典』の「蓑」の項をあらためて引いてみた。

「ふつうは藁製であるが、新潟県以北でヒロロと呼ばれる草や、藤、級《しな》の木などの皮で編むこともある。（中略）秋田県のナマハゲを初めとして小正月の夜の訪問者が蓑を着けてくるのは、信仰を背景にした古くからの約束であるらしく、遠い国から旅をしてくる神の服装だろうともいわれている」

そうなのだ。蓑も笠も、長《なが》の道中での必需品でもあったのだ。そうなのだ。安藤広重の「東海道五拾三次」にも描かれているではないか。

たとえば、雨中の道中姿は、大磯（保永堂版）・藤枝（隷書版）・庄野（保永堂版）・亀山（竪絵東海道）・土山（行書版）などに描かれている。また、雪中の道中姿は、沼津（竪絵東海道）・蒲原《かんばら》（保永堂版）・江尻（行書版）・石薬師（保永堂版）・関（隷書版）などに描かれている。

なお、笠だけでいうと、雨や雪に関係なくどこにでも描かれている。主には、日除《ひよ》けのためであろう。笠をかぶらず、背中に背負っている姿もある。また、蓑は、雨や雪の道中にかぎって描かれている。蓑を持ち歩いている人は少ないが、背負った荷物の上に掛けて歩いている男もいる。

吉原（行書版）では、「名物　山川志ろ酒」という看板の掛かっている茶店の梁《はり》に笠が八枚も下げられている。また、二川《ふたがわ》（行書版）では、「名物　かしハ餅」という看板が掛かっている茶店の梁に藁草履《わらぞうり》とともに藁蓑《わらみの》が下げられている。旅人は、どこでもその補充ができたことがわかる。ということは、その当時の旅には笠と蓑が不可欠であったことが確認できたことになるのである。

ならば、神々も、笠をかぶり蓑を着けて、風雨や風雪のなかをも旅してきたのである。ゆえに、それは、神々の来訪を表わす庶民の造形《つくりもの》としたら、当然の着眼であった。ここでも、神々は、あくまでも人びとの延長上にある、とみることができるだろう。来訪神は、まさに旅神なのである。

来訪神も所かわればさまざま

仮面・仮装で神を演じる。それは、日本にかぎったことではあるまい。

ただ、アジアの国々をみてみると、類似例が意外に少ない。もとはそうだったかもしれないそれが、村々や家々を巡る神事性から離れて、高度に演舞・演劇に化した事例が多いようにみうける。

近いところでは、韓国でみてみると、仮面舞の山神舞《サンシンム》がある。私は、大邱《テグ》の山神祭でみたが、それは、来訪神ではない。日本でいうならば神楽《かぐら》舞と同等の民俗芸能というのがふさわしい。また、韓国ではタルチュノリという仮面舞劇がよく知られるが、そこには神がほとんど登場しない。かつての支配者層である僧侶や両班《ヤンバン》を風刺する庶民の心情を表わした仮面舞劇なのである。

インドネシアのケチャもよく知られるが、これも民俗舞踊というべきで神事性は薄い。ヒマラヤ山中に分布するチベット人集落におけるラマ僧たちの仮面舞踊も、ラマ教の神仏の表情を模して神仏の降臨を祝うものの呪術性は薄いといわざるをえない。

米山俊直・野口武徳・山下諭一訳編『世界の民族と生活』（全一二巻、原作はオランダ）を参考に、私の見当がつきやすいアジアの事例を確かめてみて、日本での来訪神の特異性をあらためて感じたのだ。それは、仏教はとり入れたものの神仏が習合をもって是とし、儒教やキリスト教が入ってきてもそこへの改宗や習合を是としない民族性があってのこと。と、したいところだが、そう短絡視もできまい。ここでは、現代のアジアでは類例が少ないとしても、その歴史的な経緯の追求は今後への課題としておく。

ヨーロッパに目を転じてみると、類例がでてくるのだ。

それは、クリスマス行事のひとつとして伝わる。もともと、冬至での甦《よみがえ》りを祝う太陽信仰があった、という説もある。そうすると、土着の来訪神がキリスト教と融合して伝わる、ということになるだろうか。

ヨーロッパでの来訪神については、芳賀日出男『写真民俗学─東西の神々』で紹介されている。それを、以下、かいつまんで並記しておく。

●オーストリアのニコロシュピール

一二月五日の夜に行なわれる聖ニコラウスの祭り。麦藁《むぎわら》で全身を被《おお》った五体の先払い（道案内役）が鞭《むち》を夜空に振り回して登場。大天使ミヒャエルや骸骨の姿をした死神などを従えて、北欧の最高神オーディンが作り物の白馬にまたがってやってくる。しんがりは、司祭の装束に身を包んだ聖ニコラウス（サンタクロース）。その楽しい雰囲気のなかに、突如、角《つの》を立て怪獣の仮面を付けたクランプス（悪魔の化身とされる）が侵入し、少年を組み伏せたり懺悔を強いたりする。数分後、ラッパが吹かれると、クランプスたちは、一斉に退去する。これが、村のクリスマスだという。

●ザルツブルクのペルヒトの祭り

一月六日に行なわれるキリスト教の公現祭《こうげんさい》。祭りは午前中からはじまる。東方の三博士（キリスト生誕のときにやって来て拝んだという三人）に扮した少女たちが門口に立ってキリスト生誕の歌を歌い、お布施を集めて回る。午後になると、ペルヒトの行列が来る。行列を組むのは青年や娘たち。造花やガラス玉で飾った柱を頭上に立てたその一団は、「美しいペルヒト」と呼ばれる。その後に続くのが、異様異相の者たち。板に小枝や苔を貼りつけた者や角《つの》の仮面をつけた毛むくじゃらの怪獣もいて、この一団は「醜いペルヒト」という。祭りにやってきた娘たちが、この醜いペルヒトに引っ張り込まれると、けたたましい笑い声と喚声が響くが、誰も救い出す者はいない。行列に加えられた娘たち自身が楽しんでいるのだ。ペルヒトの祭りの本筋はこのあたりにあるらしい。一年に一度だけ、自分を縛っている世の秩序を壊して大暴れすること。獲物にされた娘たちも、そこに身を委ねることが心地よいのだろう。クリスチャンとしては不道徳かもしれないが、一年に一度の羽目外しなのである。

●スイス・ウルネッシュの精霊

ドイツとの国境に近いウルネッシュは、ローマ時代のユリウス暦を使って新年を迎える。すなわち、一月一四日を元日としている。体中に木の葉や岩苔《いわごけ》を張り付けクロイゼ（山の精霊）に扮した男たちが一軒の農家の戸口に立ち、全身を震わせて身に着けたカウベルを鳴らす。その大音響にたまらず、家から住人がぞろぞろと出てくる。目的達成の喜びか精霊たちは玄関口に半円形に並んで歌い出す。ヨーデルのツォイエルリという歌唱法で、かつては山の精霊への呼びかけであったという。歌い終えると、クロイゼは一斉に体を激しく揺らしてカウベルを響かせる。それによって、冬山の悪霊を追い払う、という。家の老婆から、温かいワインが振舞われる。それを飲み干すと、精霊たちは心地よさそうに山へ戻っていくのである。

●ラトビアの年迎え

ラトビアの一二月二四日は、クリスマスではなく、「冬祭《ふゆまつり》」の日である。この日、町中をキエカタスという門付けが何組も合唱して回る。たとえば、一例として博物館で行なわれるそれがある。キエカタスの先頭は、熊の仮面をかぶった指揮者役の熊男。続いて楽隊のドラム奏者、アコーディオンを持つ楽士、人びとを幸福にする白魔術を使う魔女、雌ヤギ、暗闇を破る光を呼び込む雄鳥役の婦人、ツル、運命を占う赤いシャツ姿のジプシー娘、全身を布で包んだ白骨の死神、そして、最後尾は冬に熱をもたらす丸太曳きの少年二人。行列は博物館を巡りながら、床を踏みならす。最後は広場に出て、焚火を輪になって囲み、新しい年の太陽の復活を願って合唱する。燃え盛っていた炎が小さくなると、踊っていた人、見物していた人たちが手を取り合って炎を飛び越えはじめる。この活力が新しい年に持ち込まれていくのである。

これらを、どうみるか、だ。

類型を導きだすのは、さほどむつかしくはない。だが、ヨーロッパにおけるこうした仮装の来訪神と日本の来訪神との歴史上の接点は皆無に等しかろう。ということは、古く、のちに宗教として一神教の統制をみるまでのアニミズム（自然信仰）やシャーマニズム（呪術信仰）を地盤としたところでは、ほぼ同様の来訪神信仰がほぼ同時に派生していた、とみることができよう。それが、キリスト教が布教したのちに冬至から年始めにかけてのキリスト教行事のなかで一部が伝えられることになったのがヨーロッパの来訪神。それに対して、仏教にも神道に習合もされることなく、地方ごとに独自の年迎え行事として残存したのが日本の来訪神、ということになるだろう。

類型化や系列化を急《せ》くことはないし、これも簡単なことではない。もっとも古く、政治的な宗教統一がなされる以前には、年の改まるときに、その土地の伝説にしたがって仮装の神々が来訪することが方々で自然発生した、ということにしておこう。そして、その伝承についての以後の変遷も、宗教行事への移行や仮面舞踊や仮面劇への展開などさまざま、ということにしておこう。

ならない。

神の零落した姿の訪問者

前にとりあげた柳田國男編『民俗学辞典』の一文に、いまいちどこだわってみなくてはならない。

「小正月の訪問者」について、「日本人の古い信仰」で「遠い土地から来る神」としながら、「それが世の変遷にともなって少しずつ信仰を失ない、物乞いに化して行った経路が明らかにされる」、とある。

ここに「物乞い」という言葉がでてくる。

現在では、死語とも化している。つかうのにためらう言葉でもある。しかし、ここでつかわれている意味をあらためて理解しておかなくてはならない、と思う。

この場合の「物」とは、米や銭のこと。古くは、それを乞うて集落や家々を巡り歩く人たちがいた。そして、その訪問を受けた人びとは、それを疎ましくも思っただろうが、何らかの喜捨をする人たちもいた。だからこそ、物乞いの旅もありえたのである。

その物乞いには、二通りがある。ひとつは、文字どおりに、物を乞うこと。これを、古くには「乞食《こつじき》」といった。それに終始する人生もあった。しかし、ある日にかぎっての乞食は、吉報者に転じることにもなった。

そのことに注目したのは、文化人類学者の大林太良である。より原初的な習俗を探ろうとしてか、戦前（第二次世界大戦以前）の中国における「門付け」に注目している（大林太良『正月の来た道』）。

「中国における新年の来訪者たちは、大きく見て二群に分けることができる。一つは元旦あるいは二日に乞食やその他の社会的に下層の人たちが門付けに回ってくる形式である。もう一つは、正月十五日に訪れる形式で、こちらのほうが内容的にも形式的にもより豊富であり、しばしば村落の行事として行なわれる」

とくに、注目したのが前者の「ホガイビト」で、永尾竜造『支那民俗誌』（一九二二年）を引用する。

「この時は乞食としてではなくて、《喜びの歌を唱う者》であるというところから、これを念喜歌的《ニエヌシーコーデ》といい、また彼等の方からいえば、喜びを述べ、且つめでたい歌をうたいに来るから、送吉言《ソンチーイエヌ》に来るのだといっている。またこのことを彼等仲間では隠語を使って《献《シエ》果《ヌコー》に歩く》ともいうのである」

浙江《せっこう》省紹興《しょうこう》、福建省福州、広東省広州などの事例が紹介される。大ざっぱにいって戦前までの中国では、正月にかぎっての乞食の来訪は、歓迎されるものであり、乞食にとっては「かき入れ時」であった、というのだ。

これをもって、神（来訪神）の零落した姿、といえるであろう。あるいは、乞食が昇格した姿、ともいえるであろう。

日本においては、この種の事例が乏しい。

中世の絵巻物には、しばしば乞食が描かれている。たとえば、『一遍聖絵』（鎌倉末期）にも乞食の描写が多いが、それは、路上に片屋根だけの小屋を建て、そこで暮らす様子がほとんどである。立膝や膝をくずして座り、椀《わん》を手に持つ姿が多い。その椀は物乞いにも使われたかもしれないが、ここでは飯か粥《かゆ》かを食っている姿が目立つ。彼らの門付けの姿は、みられないのである。

『一遍聖絵』をはじめとする中世の絵巻物での乞食は、さほどに卑屈には描かれていない、とみる。とくに、市場や門前まわりには集落をなすほどに多くいるし、粗末ではあっても飲食をする姿が少なくないのだ。一遍らが布教のために行なう念仏踊りの場にも、彼らが参加しているのだ。下層の民ではあってもその社会に共存している、とみえるのである。

そのことは、歴史学者の網野善彦が『無縁・公界・楽――日本中世の自由と平和』をはじめ一連の著作で述べている「公界《くがい》における遊行の民」に通じることでもある。

それが、近世の幕藩体制のなかでは、非定住者は疎まれる存在となった。それを、近代社会もつないだ。

中世にまでさかのぼってみると、その存在への世間の眼は、違ってもいたのではないだろうか。と、傍証するのに、「蘇民将来《そみんしょうらい》」の神異譚がある。かなり広い範囲で伝えられてきている因果ばなしである。

たとえば、伊勢神宮の膝元である伊勢・志摩地方でその伝承が濃い。その概略は、次のとおりである。

ある時、北海にいた武塔神《むとうしん》が南海にいた女神を訪れようとして道に迷い、蘇民将来と巨《こ》旦将来《たんしょうらい》の二人の兄弟に一夜の宿を頼んだ。弟の巨旦将来は、金持ちだったのに断り、兄の蘇民将来は、貧しかったのに喜んで家に招き入れ粟飯をごちそうしてくれた。武塔神は、そのお礼に「茅の輪」のお守りを蘇民将来とその家族に授けた。すると、村に疫病が流《は》行《や》って皆死に絶えてしまったのに、蘇民将来の一家だけが無事だった、という。

なお、現在でも三重県の南部（松阪・伊勢・志摩地方）では、その伝承が確かめられる。正月に門口に掛ける注連縄《しめなわ》に注目してみよう。その縄の中央部に「蘇民将来之家」と記した木札が取りつけてあるはずだ。それは、「除災招福」の神札に相当する。この地方では、その注連縄は一年中掛けてあるので、容易に確認できるはずである。

そこでの武塔神とは、まさしく零落した神である。

そして、蘇民将来を讃《たた》え語り継いできたのは、零落した来訪者であっても無下に扱ってはならない、という教えをふくんでのことだっただろう。それがよかった、そうあるべきだ、というのではない。現在《いま》は、不審者がいれば即通報せよ、とする時代である。それとは別な、定住者と非定住者が暗黙の了解のもとで共存する時代もあった、とここではみておきたい。

門付け芸をもっての訪問者

物乞いのもう一方に、ただ食料や金銭をねだるだけでなく無形の対価物を売りつける訪問者があった。

無形の対価物ということでは、物乞いではない。物乞いの、より発達したかたち、とみるべきである。

その代表的な存在が、門付け芸人たちである。

古く存在した、としてよかろう。また、日本だけでなく世界の原初的な社会で自然発生した「世すぎ」としてよかろう。

日本では、近世（江戸時代）以降のその生態が明らかである。

権現舞《ごんげんまい》・獅子舞《しし》・鳥追い（女太夫）・猿曳き（猿まわし）・木偶《でく》まわし・大黒舞などがよく知られる。昭和の前半、経済の高度成長がはじまるまでは、各地にそうした門付け芸がみられた。

それら門付け芸のうちの多くは、正月の言祝《ことほ》ぎ芸であった。つまり、神のふりして、あるいは神との仲介者として、「除災招福」を言祝ぐのである。

斎藤月岑《げっしん》『東都歳事記』（天保三＝一八三二年）の元旦の項には、江戸市中でのそのようすが描かれている。

「〇三河萬歳　今日より当月中家々を廻る。（中略）鳥追来る。大黒舞は、『続江戸砂子』等に出たれど今なし。但吉原にのみ残れり。（後略）

〇太神楽六日迄日毎に来る。（後略）」（旧字は、改めた）

ちなみに、三河萬歳は、元は旧領主であった徳川家の祝福のために江戸に出てきて徳川家ゆかりの武家の門前で披露をした、という。それが、この時代（江戸後期）には、市中の家々を巡るようになっている。祝言を述べ、鼓をもっての掛け合いと踊りからなる門付け芸で、後に一部が寄席芸ともなった。

鳥追いは、もともとは一年の豊穣を予祝する農村行事であるが、江戸では賤《しず》の女《め》の門付け芸となった。唐桟《とうざん》の着物姿で笠をかぶり、一人、あるいは二人か三人で流し歩いた。

大黒舞も戸別に巡る祝福芸で、大黒頭巾《ずきん》をかぶり、仮面を付け、張り子の小槌《こづち》を持って踊る。

太神楽《だいかぐら》は、伊勢神宮への代参ということで代神楽。それが、門付けの祝福芸として太神楽となった。獅子舞の一種である。しだいに曲芸化もした。江戸では寺社奉行の支配のもとで一二組があった、という。これも、一部は寄席芸ともなったが、現在ではほとんどみられない。なお、これは、現在にも伝わる桑名（三重県）を中心とした伊勢太神楽とは系譜を別にする江戸の太神楽である。

それらの門付け芸は、江戸から東京に時代が変わったのちも久しく正月の風物詩として伝わった。それは、若月紫蘭『東京年中行事』（明治四四＝一九一一年）にも詳しい。

そこでは、「猿曳《さるひき》」（猿まわし）についての写真付きの解説もある。

「万歳、獅子舞と共に、用捨もなく松の内の玄関に飛び込んで、面白おかしく唄いはやすものの一つである。唐紙引きあげてみると猿曳の図々《ずうずう》しきに小面《こづら》が悪《にく》い心地もすれど、小ざかしげなる猿の可愛らしい顔を見ては怒られもせず『お正月だからやろうか』とあって、僅かばかりのおひねりとらする序《ついで》に、『猿にもね』とお餅《ちから》の一片《きれ》、二片を女子供に投げやらする家も少なくない」

それが、戦前（第二次世界大戦前）のころまでは、東京の下町でみられた。しかし、戦後になると、ほとんどみられなくなった。関東大震災（大正一二＝一九二三年）、東京大空襲（昭和二〇＝一九四五年）と段階的に東京での門付け芸を後退させた。とは、私が聞き確かめたところでの当時を知る人たちの述懐であった。

江戸・東京以外でも正月の門付け芸は伝わっていた。

早池峰《はやちね》神楽（岩手県）の権現舞、桑名（三重県）から中部地方・西日本各地に出ていく伊勢の太神楽、阿波（徳島県）の木偶《でく》まわしなどがそうである。これらは、現在でもまだみることができる。

たとえば、阿波の木偶まわしである。

それには二つの系統がある。そのひとつは、恵比寿まわしである。

これは、徳島市西部を本拠としていた。

人によって、その語りが違う。義太夫《ぎだゆう》節もあれば、めでたづくしの歌謡調もある。二人で一組が多かったようである。その場合は、ひとりが合いの手を入れながら鼓を叩く。

たとえば、夫婦での恵比寿まわしでは、以下のように滑稽に唱える。

まずは　めでたや　まずは　めでたや　西の宮のえびす三郎が　福徳元年正月三日
とらの一天　まだうのくにから　やすやすと　ごたんじょなされた　なされどっこい
なされた　なされた日にはとうしょ繁盛氏子こどもや　ようけ集まる（後略）

（小沢昭一『日本の放浪芸』より）

この恵比寿まわしについては、中世系の芸能者である傀儡《くぐつ》（傀儡師）を祖とする、という説が有力である。

傀儡は、「歌に合わせて舞わせるあやつり人形。また、それをあやつる芸人」（『広辞苑』第六版）である。その傀儡たちの古跡地が西宮神社（兵庫県）のあたりであった。その石碑も建つ。また、境内社の百太夫社は、傀儡たちが祀《まつ》り信仰を伝えた、ともされる。そして、その祭礼には、恵比寿まわしが奉納されてきたのである。しかし、阿波の恵比寿まわしが、そこにどうつながるのか、阿波にどのように伝わったのかは、明らかでない。

もう一方には、三番叟《さんばそう》まわしがある。これは、旧三好町を本拠としていた。そこを本拠とするようになったのは、江戸時代に藩が藩内に散っていた木偶まわしの芸人たちを集めて定住をはかったから、と伝わる。

阿波の木偶まわしとは、一般的にはこの方が知られている。その人数も、恵比寿まわしの倍も、それ以上もいた。

三番叟まわしとは、千歳《せんざい》、翁《おきな》、三番叟の人形からなる祝福芸である。これは、中世系の猿楽（のちの能）にちなんだもので、はじめは三番猿楽といっていた、と伝わる。はじめに、父尉《ちちのじょう》（のちの千歳）が露払い役を演じ、次に翁が「どうどうたらり」という呪文歌で舞い、最後に三番叟役が鈴の舞で祝う。常磐津《ときわず》では「祝言式三番叟」、義太夫では「寿式三番叟」となる。それが、路上の木偶まわしにも転じて伝わるのである。

阿波では、この三番叟に恵比寿まわしが加わって四体の木偶まわしがこれまで伝わってきた。

正月から春先までは、めいめいが旦那場とする村々、家々を門付けをして巡る。おもに、その家の荒神《こうじん》や水神《すいじん》を拝み、五穀豊穣・家内安全を祈禱する。要請があれば、鍬初《くわぞめ》の場や漁の解禁日での三番叟まわしを行なうこともあった。

春までの門付けが終わると、木偶まわしの芸人たちの多くが、芝居興行に出る。それぞれが阿波や淡路（兵庫県）にある人形座に属しており、そこでの人形浄瑠璃《じょうるり》を演じるのであった。

現在、女性が受け継いだ木偶まわしがその伝統をつないでいる。正統につないでいる。もうおわかりいただけたであろう。

神楽（権現舞や太神楽）も万才（萬歳）も、猿まわし（猿曳）も木偶まわしも、異様な仮装はしていないものの、芸をもって言祝《ことほ》ぐのである。それで、対価を得る、つまり物乞いをするのである。

対価を得るということで、門付け芸人。玄人《くろうと》芸人。ユネスコの無形文化遺産に記載された民俗行事の担い手たちとは、対価（物乞い）というところでの大きな違いがある。しかし、正月、あるいは小正月での年改めを家々を巡って祝う、というところでは同類である。「来訪神」に準じるのである。

それを受ける家々では、戸惑いがあったかもしれない。さかのぼって、当初がいつのころかは明らかでないが、いずれにしても当初は未知なる門付けの人びと。うさんくさくもあり、迷惑でもあっただろう。そのなかを、門付け芸人たちは、ただの物乞いと間違えられないよう芸道を磨く努力を続けもしたのである。

「芸は身を助ける」、といった。

それは、必ずしも旅稼ぎをいったものではないが、かつては芸人の旅も多かった。娯楽の乏しい時代は、おおむね好意的に受け入れられたものだったが、相応の苦労を強いられた。

一方で、「芸が身を助けるほどの不仕合《ふしあわせ》」、ともいった。

いくら芸があって糊口《ここう》がしのげたからといっても、旅では辛《つら》いことも多い。とくに、頭《ず》を高くしては旅稼ぎは成り立たない。卑屈なまでの土地土地への迎合が世すぎの術《すべ》というものであった。それでも、ときどきに疎《うと》まれもしたし蔑《さげす》まれもした。

柳田國男は、タビ（旅）は「給《たま》へ」に由来する、と説いた（「東国古道記」、『定本　柳田國男集』第二巻に所収）。そこでは、交易を求める言葉、としているが、「給はれ」にも通じるだろう。つまり、「物乞い」の旅が原初のかたち、というのである。

それには、異論もあって、たとえば「他火《たび》」に頼らざるをえなかった、とも説く。往く先々の他人の家の竈《かまど》（食事）頼り、ということだが、これも「物乞い」とさほどに大きな違いがない。

そうした旅のなかで、「門付け芸」という物乞いをとりあげてみた。「来訪神」にも通じる、としたが、そこでは神のふりをするのが世すぎというものであった。

現在、私どもが共有するところの便利な旅行からは想像もできないほどの、物乞いもやむなしの旅があったのだ。いや、物乞いまではしなくても、「旅は憂《う》いもの辛《つら》いもの」であった。

家にあれば笥《け》に盛る飯《いい》を　草枕旅にしあれば椎《しい》の葉に盛る

（有間皇子、『万葉集』巻二）

それにしては、である。人びとの延長上にあるとした神々の旅は、食事に困るほどに難儀なものであっただろうか――。

《参考文献》

◆序章〜終章　共通

肥後和男『神話時代—民族の思い出として親まれるように』至文堂　一九五九年
松本信広『日本の神話』至文堂　一九五六年
折口信夫『古代研究Ⅰ　民俗学篇1』（角川文庫）角川書店　一九七四年
松前健『日本の神々』（中公新書）中央公論社　一九七四年
上田正昭編『日本古代文化の探究　古事記』社会思想社　一九七七年
川副武胤『古事記の世界』（教育社歴史新書）教育社　一九七八年
宮田登『神の民俗誌』（岩波新書）岩波書店　一九七九年
平野仁啓『日本の神々—古代人の精神世界』（講談社現代新書）講談社　一九八二年
岩田慶治『カミと神—アニミズム宇宙の旅』講談社　一九八四年
倉野憲司校注『古事記』（ワイド版岩波文庫）岩波書店　一九九一年
上田正昭『日本の神話を考える』小学館　一九九一年
中西進編『南方神話と古代の日本』（角川選書）角川書店　一九九五年
三浦佑之『口語訳　古事記　神代篇』（文春文庫）文藝春秋　二〇〇六年
中村啓信訳注『新版　古事記　現代語訳付き』（角川ソフィア文庫）ＫＡＤＯＫＡＷＡ　二〇〇九年
森村宗冬『図解　古事記と日本書紀—知識ゼロでもわかる記紀のあらすじ』新人物往来社　二〇一一年
千田稔監修『別冊太陽　日本のこころ194　編纂一三〇〇年記念　古事記』平凡社　二〇一二年
『サライ　特集　古事記を読む・歩く・味わう』小学館　二〇一二年
井上光貞監訳・川副武胤他訳『日本書紀（上）』（中公文庫）中央公論新社　二〇二〇年

◆第一章
山下重民「大黒天の話」（『風俗画報　第二百二号』に所収）東陽堂（復刻版）一九〇〇年
講座日本の神話編集部編『出雲神話』有精堂出版　一九七六年
原島礼二編『出雲神話から荒神谷へ』六興出版　一九八八年
北見俊夫編『民衆宗教史叢書二八巻　恵比寿信仰』雄山閣出版　一九九一年
荻原千鶴『出雲国風土記』（講談社学術文庫）講談社　一九九九年
三橋健監修『週刊　日本の神社　第一号　神々が集う聖なる大社—出雲大社』デアゴスティーニ・ジャパン　二〇一四年
島根県古代文化センター編『解説　出雲国風土記』今井出版　二〇一四年

◆第二章
曉花生「龍の事ども」（『風俗画報　第四百七十六号』に所収）東陽堂（復刻版）一九一六年
三品彰英『日鮮神話伝説の研究』柳原書店　一九四三年
伊藤清司「海幸彦・山幸彦」（『探訪神々のふる里2　黒潮と神々の峰　九州・南四国』に所収）小学館　一九八二年
上垣外憲一『天孫降臨の道』筑摩書房　一九八六年
千田稔『高千穂幻想—「国家」を背負った風景』（ＰＨＰ新書）ＰＨＰ研究所　一九九九年
西本鶏介（藤川秀之・絵）『海幸彦　山幸彦』（日本の物語絵本⑩）ポプラ社　二〇〇四年
川村湊『海峡を越えた神々—アメノヒボコとヒメコソの神を追って』河出書房新社　二〇一三年

◆第三章
市川俊介「吉備津彦と桃太郎伝説」(『探訪神々のふる里3　出雲と瀬戸内の神々　山陰・瀬戸内』に所収)　小学館　一九八一年
藤井駿『吉備津神社』(岡山文庫)　日本文教出版　一九七三年
神崎宣武編『備中神楽の研究―歌と語りから』　美星町教育委員会　一九八四年
門脇禎二『吉備の古代史―王国の盛衰』(NHKブックス)　日本放送出版協会　一九九二年
金関猛『岡山の能・狂言』(岡山文庫)　日本文教出版　二〇〇一年
市川俊介『おかやまの桃太郎』(岡山文庫)　日本文教出版　二〇〇五年
中山薫『温羅伝説―史料を読み解く』(岡山文庫)　日本文教出版　二〇一三年

◆第四章
神宮司庁編『大神宮叢書　神宮典略　前篇』　臨川書店　一九七一年
神宮司庁編『神都名勝誌』　国書刊行会　一九九二年
大阪府神社庁編『伊勢の神宮―ヤマトヒメノミコト御巡幸のすべて』　和泉書院　一九九三年
郡俊子『倭姫命の御巡幸―栲幡斎王』　勢陽文芸　一九九六年
和田嘉寿男『倭姫命世記注釈』(研究叢書)　和泉書院　二〇〇〇年
中村幸弘『『倭姫命世記』研究―付訓と読解』(新典社研究叢書)　新典社　二〇一二年
岡田登監修『倭姫命の御巡幸』　アイブレーン　二〇一五年

◆第五章
西郷信綱「ヤマトタケルの物語」(『古事記研究』に所収)　未来社　一九七三年

吉井巌『ヤマトタケル』学生社　一九七七年
伊藤清司・松前健編集『倭建命』（日本の神話5）ぎょうせい　一九八三年
小田晋『サイコロジー　人物日本史―小田晋の精神歴史学』ベストセラーズ　一九九二年
産経新聞取材班『ヤマトタケル―日本人なら知っておきたい英雄』産経新聞出版　二〇一七年
産経新聞取材班『神話のなかのヒメたち―もうひとつの古事記』産経新聞出版　二〇一八年

◆終章

折口信夫「春来る鬼」（『旅と伝説』第四巻一号＝通巻三五号に所収）三元社　一九三一年
柳田國男「海南小記」（『定本　柳田國男集』第一巻に所収）筑摩書房　一九六八年
高橋文太郎「男鹿のナマハゲ」（『旅と伝説』第一四巻三号＝通巻一五九号に所収）三元社　一九四一年
柳田國男監修　民俗学研究所編『民俗学辞典』東京堂出版　一九五一年
内田武志・宮本常一編訳『菅江真澄遊覧記5』（東洋文庫）平凡社　一九六八年
網野善彦『無縁・公界・楽―日本中世の自由と平和』（平凡社選書）平凡社　一九七八年
比嘉政夫「ユークイ、ンナフカ―来訪神への豊作祈願」（『探訪神々のふる里1　はるかなる海の道　沖縄・奄美・トカラ』に所収）小学館　一九八二年
梅棹忠夫・佐々木高明他編『文化人類学事典』弘文堂　一九八七年
大林太良『正月の来た道―日本と中国の新春行事』小学館　一九九二年
小沢昭一『日本の放浪芸』白水社　二〇〇四年
芳賀日出男『写真民俗学―東西の神々』ＫＡＤＯＫＡＷＡ　二〇一七年
保坂達雄・福原敏男・石垣悟『来訪神―仮面・仮装の神々』岩田書院　二〇一八年

あとがき

この「あとがき」を書いているのは、一〇月。神無月《かんなづき》である。といっても、神無月は旧暦の一〇月をいうので、正しくは一ヵ月先のことである。この旧暦一〇月を出雲《いずも》地方では、神在月《かみあり》とする。それは、一〇月一一日・一五日・一七日に神《かみ》在祭《ありさい》（出雲大社《おおやしろ》・佐太《さだ》神社・万九千《まんくせん》神社）があり、そこに各地の神々が集まる、とされるからだ。

それを、出雲以外の土地には神さまがいなくなってしまうので神無月、と解説する例が多い。では、この時期、神さま不在の神社でなぜまつりができるのか。という疑問を受けたことが、何度かある。当然の疑問である。

日本の神々は、いくつにも分かれて乞われた先を巡ることができる。たとえば、頭屋祭《とうや》（当番祭とも）には、主祭神の分霊が下る。また、神輿渡御《みこしとぎょ》にも分霊が乗る。本社が空《から》になるのではない。ゆえに、出雲の神在祭にも分霊が赴く、とみればよろしいのだ。

私は、外務大臣に相当する分霊が出雲サミットに出かけられているにすぎない、と説く。そうすると、大方の人が納得してくださる。

『古事記』を最古とする古典の読み方についても、そうである。一般には、童話や漫画に編じられたところのものがたりにしたがってのご理解ではあるまいか。もちろん、それもよろし、である。しかし、とくに、そこでの神々は、美談に終始する傾向にあるのだ。その最たる例が「大黒《だいこく》さま」（大国主神《おおくにぬしのかみ》）である。それは、慈悲深い福徳の神として描かれている。しかし、オオクニヌシの神の行動は、奇奇怪怪ともいえるもので、その性格も多情にして一様ではない。私は、それを「旅する神」としてとらえてみた。

古く、旅先ではさまざまな難儀があった。現在の観光旅行のように、安全が保障されているのではない。それは、神も人も同じであった。そして、旅の難儀に対しては、それぞれが対処しなくてはならない。人間社会では、「人生は旅」とかいう。そこでの「処世の術」が必要となる。神も同じであっただろう。日本の神話に出てくる神々は、じつに人くさく、旅先での処世の術に長《た》けてござるのである。

日本には、世界の通念でいうところの教義に厳格な宗教は、存在しなかった。少なくとも、近代になるまでは存在しなかった。それは、何よりも「神仏習合」の伝統がものがたっている。そして、現代にもこれほどに多様な自然崇拝《アニミズム》を伝承している国民性も、世界ではめずらしかろう。それで、とくに残虐な争いごともなかった。しあわせな歴史を共有してきた、としなくてはならないだろう。

「人生は旅」の元をたどれば、神々の世界にたどりつけるのではあるまいか。という思いが、本書を書くきっかけとなった。

解析が不十分なところもあるだろう。齟齬《そご》もあるかもしれない。が、神々は私たちと無縁ではない、とお読みいただけたら幸いである。また、神々の旅の足跡をたどってみよう、と思っていただけたら幸いである。

現在《いま》、なぜだか、宮本常一（一九〇七～一九八一年）、宮田登（一九三六～二〇〇〇年）、小田晋（一九三三～二〇一三年）の面影を偲《しの》んでいる。お三人とも、私が民俗学を学ぶうえで大きな示唆を与えてくださった。このお三人が健在なら、本書をどう読んでくださるだろうか。

本書の刊行にあたっては、ＫＡＤＯＫＡＷＡ学芸ノンフィクション編集部の大林哲也さん、中村洸太さんのお手をわずらわせた。記して謝意を表したい。

令和二年一〇月吉日

神崎　宣武

【写真・図版クレジット】

「白兎海岸」「白兎神社」／樫村賢二氏より提供
「高千穂連峰」「二上山」／野添和洋氏（宮崎県総合博物館）より提供
「神楽「吉備津」」／歴史公園　中世夢が原より提供
「吉備津神社と吉備中山」「鬼ノ城山」／河原隆氏より提供
「桧原神社」「坂田宮」「片樋宮」「倭姫宮」／加藤宏明氏より提供
「倭姫（阿部夫美子作）」／伊勢内宮前　おかげ横丁「おかげ座　神話の館」より提供
伊吹山／フォトライブラリー

地図・系図作成／小林美和子

右記以外は、著者撮影もしくはパブリック・ドメインによる。

神崎宣武（かんざき・のりたけ）
1944年生まれ。民俗学者。旅の文化研究所所長。岡山県宇佐八幡神社宮司。著書に『酒の日本文化』『しきたりの日本文化』『「旬」の日本文化』『「おじぎ」の日本文化』（いずれも角川ソフィア文庫）、『「まつり」の食文化』『社をもたない神々』（いずれも角川選書）、『江戸の旅文化』（岩波新書）、『ちちんぷいぷい』（小学館）など。共編著に『日本文化事典』（丸善出版）などがある。

角川選書 644

旅《たび》する神々《かみがみ》

令和2年11月27日　初版発行

著　者　神崎宣武《かんざきのりたけ》
発行者　青柳昌行
発　行　株式会社 KADOKAWA
東京都千代田区富士見2-13-3　〒102-8177
電話 0570-002-301（ナビダイヤル）
装　丁　片岡忠彦　　帯デザイン　Zapp!
印刷所　横山印刷株式会社　　製本所　本間製本株式会社

ISBN978-4-04-703689-5 C0339
JASRAC 出 2009068-001

この書物を愛する人たちに

詩人科学者寺田寅彦は、銀座通りに林立する高層建築をたとえて「銀座アルプス」と呼んだ。
戦後日本の経済力は、どの都市にも「銀座アルプス」を造成した。
アルプスのなかに書店を求めて、立ち寄ると、高山植物が美しく花ひらくように、
書物が飾られている。

印刷技術の発達もあって、書物は美しく化粧され、通りすがりの人々の眼をひきつけている。
しかし、流行を追っての刊行物は、どれも類型的で、個性がない。
歴史という時間の厚みのなかで、流動する時代のすがたや、不易な生命をみつめてきた先輩たちの発言がある。
また静かに明日を語ろうとする現代人の科白がある。これらも、
銀座アルプスのお花畑のなかでは、雑草のようにまぎれ、人知れず開花するしかないのだろうか。
マス・セールの呼び声で、多量に売り出される書物群のなかにあって、
選ばれた時代の英知の書は、ささやかな「座」を占めることは不可能なのだろうか。
マス・セールの時勢に逆行する少数な刊行物であっても、この書物は耳を傾ける人々には、
飽くことなく語りつづけてくれるだろう。私はそういう書物をつぎつぎと発刊したい。
真に書物を愛する読者や、書店の人々の手で、こうした書物はどのように成育し、開花することだろうか。
私のひそかな祈りである。「一粒の麦もし死なずば」という言葉のように、
こうした書物を、銀座アルプスのお花畑のなかで、一雑草であらしめたくない。

一九六八年九月一日

角川源義

仏教用語の基礎知識

編著　山折哲雄

仏教の基礎知識を幅広く平易に解説。思想や教義をはじめ、彼岸や盆などの年中行事、霊場めぐり、芸能、寺社縁起などの民俗的な事例、葬儀・墓・戒名など身近な死者供養の問題を、今日的な視点で語る。

317 | 321頁

978-4-04-703317-7

王朝生活の基礎知識

古典のなかの女性たち

川村裕子

古典を読む時に必要な基礎知識を、王朝物語の主人公である女性の視点でやさしく解説。建物の造りや装い、恋愛・結婚の実態やマナーなど、基本的な知識が楽しく理解できる。古典ビギナーにうれしい一冊。

372 | 232頁

4-04-703372-3

和歌文学の基礎知識

谷　知子

ヤマトタケルから良寛まで、よりすぐりの和歌を楽しみながら、歌の発生、修辞技法や歌の社会的役割、工芸の世界をはじめ日本文化全体におよぶ和歌の影響などを解説。和歌がどんどん身近になる！

394 | 224頁

978-4-04-703394-8

妖怪学の基礎知識

編著　小松和彦

いまも都市伝説などで再生されつづける「妖怪」とは何か？　説話やお伽草子に描かれる妖怪や怪異、噂話のなかの妖怪、妖怪画の歴史、妖怪の博物誌など、最新の研究成果を盛り込み日本の妖怪文化に迫る。

487 | 288頁

978-4-04-703487-7

「待つ」ということ

鷲田清一

現代は待たなくてよい社会、待つことができない社会になった。現代社会が失った「待つ」という行為や感覚の現象学的な考察から、生きること、生きていることの意味に分け入る、臨床哲学からの哲学エッセイ。

396 | 200頁
978-4-04-703396-2

禅八講

鈴木大拙 最終講義

鈴木大拙

大拙が生涯最後に説いた禅の神髄とは。膨大な遺稿研究によって発掘された知られざる最終講義とともに、戦後の海外布教期に行われた七つの講演を初めて書籍化。禅の広大で豊かな世界を開く。解説：末木文美士。

522 | 224頁
978-4-04-703522-5

渡来の古代史

国のかたちをつくったのは誰か

上田正昭

「帰化」と「渡来」を峻別し、古代史に風穴をあけた泰斗による、「渡来人と渡来文化」の集大成。近年の発掘調査の成果も踏まえ、古代国家形成にかかわる渡来を東アジアという視点でダイナミックに提示する。

526 | 264頁
978-4-04-703526-3

漢詩の扉

齋藤希史

唐代の名詩人、王維、李白、杜甫、白居易――。日本人に愛されてきた『三体詩』『唐詩選』の名詩を中心に、興趣を読みほどき、詩に立ち現れる詩人の人生をたどりながら、漢詩の響きを味わう清新な鑑賞案内。

534 | 200頁
978-4-04-703534-8

仏教学者　中村元
求道のことばと思想
植木雅俊

洋の東西を超え、仏教に人類共通の智慧を求めた碩学、中村元。アカデミズムを超えて平易な言葉で仏教を説き、多くの人に慕われた人柄と、弛まざる学究の生涯をつらぬく〈普遍思想史への夢〉を、鮮やかに描く。

543｜240頁
978-4-04-703543-0

霊性の哲学
若松英輔

生きることを根源から支える霊性とは何か。仏教者・鈴木大拙、詩人哲学者・井筒俊彦、民藝の発見者・柳宗悦……。生と死の意味を真正面から問うた哲人たちの言葉をたどり、近代日本を貫く霊性の探究を描く。

555｜256頁
978-4-04-703555-3

九相図をよむ　朽ちてゆく死体の美術史
山本聡美

第66回芸術選奨文部科学大臣新人賞〈評論等部門〉受賞
第14回角川財団学芸賞受賞

腐敗し白骨化してゆく亡骸の様子を克明に描く九《く》相図《そうず》。仏教とともに伝来し日本に深く根を下ろしたこの図像には、生と死、そして肉体の無常をめぐるいかなる想いが秘められているのか。豊富な図版とともに探る。

556｜260頁
978-4-04-703556-0

国際交易の古代列島
田中史生

弥生時代以来、東アジア海域で広域的・重層的に行われた国際交易により、古代社会はどう変わったのか。その実態を、首長層の交易ネットワーク、海商の登場、国家の交易管理と唐物偏重の背景などから探る。

567｜256頁
978-4-04-703567-6

忍者の歴史
山田雄司

一口に忍者といっても、時代によってその姿を変えてきた歴史がある。真の忍者とはいかなる者か？　今まで解明されることのなかった「忍者」の歩みを、忍術書「万川集海」をはじめとする資料から読み解く。

570 | 272頁

978-4-04-703580-5

武士はなぜ歌を詠むか
鎌倉将軍から戦国大名まで
小川剛生

戦乱の中世、武士は熱心に和歌を詠み続けた。武家政権の発祥地・関東を中心に、鎌倉将軍宗尊親王、室町将軍足利尊氏、江戸城を築いた太田道灌、今川・武田・北条の大名を取り上げ、伝統の足跡をたどる。

572 | 296頁

978-4-04-703589-8

風土記
日本人の感覚を読む
橋本雅之

七一三年の官命によって編纂された「風土記」。全国各地の産物や土地、神話などを記す古代の貴重な資料である。その地誌としての性格をふまえ「風土記」を読み解き、日本人に通底する心のありようを知る。

577 | 208頁

978-4-04-703582-9

武田氏滅亡
平山優

甲相越三国和睦構想、御館の乱、高天神城攻防戦という長篠敗戦後の転換点を主軸に、史料博捜と最新研究から、詳述されてこなかった勝頼の成果と蹉跌を徹底検証。戦国史研究に新たなる足跡を刻む決定版！

580 | 752頁

978-4-04-703588-1

古典のすすめ
谷 知子

神話から江戸の世話物へとつながる恋愛観、挽歌と哀傷歌そして源氏物語に描かれた「死」と「病」など、日本の古典作品に描かれた哲学をやさしく説く。古典に立ち返り、人生を見つめる新たな視点を養う。

594 | 296頁

978-4-04-703620-8

死者と先祖の話
山折哲雄

みずからや家族の死を、私たちはどのような形で迎えたらよいのか――。折口信夫『死者の書』と柳田国男『先祖の話』をてがかりに、鎮魂・供養・往生・看取り等から、日本古来の信仰や死生観を見つめ直す。

595 | 240頁

978-4-04-703594-2

仏教からよむ古典文学
末木文美士

出家に憧れながらも愛欲の世界にとどまった源氏物語の登場人物たち。その曖昧な生にこそ、王権と仏法の緊張関係が示されているのではないか。源氏・平家物語から能、夏目漱石まで、日本文学の新たな魅力を引き出す。

599 | 328頁

978-4-04-703615-4

愛着アプローチ
医学モデルを超える新しい回復法
岡田尊司

慢性うつ、不登校、ひきこもり、ゲーム依存、発達の問題、自傷、過食、DV等、医学モデルでは対処が難しい心や行動の問題が増えている。それら難しいケースに劇的な改善をもたらす新しい回復法の原理と実践法！

600 | 264頁

978-4-04-703613-0

角川選書

今川氏滅亡
大石泰史

駿河、遠江、三河に君臨した大大名・今川氏は、なぜあれほど脆く崩れ去ったのか。国衆の離叛や「家中」弱体化の動向等を、最新研究から丹念に検証。桶狭間敗北や氏真に仮託されてきた亡国の実像を明らかにする。

604 | 304頁

978-4-04-703633-8

古典歳時記
吉海直人

日本人は自然に寄り添い、時季を楽しんできた。旬の食べ物、花や野鳥、気候や年中行事……暮らしに根ざすテーマを厳選し、時事的な話題・歴史的な出来事を入り口に、四季折々の言葉の語源と意味を解き明かす。

606 | 224頁

978-4-04-703657-4

シリーズ世界の思想
マルクス　資本論
佐々木隆治

経済の停滞、政治の空洞化……資本主義が大きな転換点を迎えている今、マルクスのテキストに立ち返りこの世界の仕組みを解き明かす。原文の抜粋と丁寧な解説で読む、画期的な『資本論』入門書。

1001 | 568頁

978-4-04-703628-4

シリーズ世界の思想
プラトン　ソクラテスの弁明
岸見一郎

古代ギリシア哲学の白眉ともいえる『ソクラテスの弁明』の全文を新訳とわかりやすい新解説で読み解く。誰よりも正義の人であったソクラテスが裁判で何を語ったかを伝えることで、彼の生き方を明らかにする。

1002 | 216頁

978-4-04-703636-9